BIBLIOTHÈQUES SCOLAIRES.

CATALOGUE D'OUVRAGES DE LECTURE

INDIQUÉS AU CHOIX DES INSTITUTEURS

POUR LES ADULTES ET LES FAMILLES.

PARIS.

LIBRAIRIE PAUL DUPONT,

RUE JEAN-JACQUES-ROUSSEAU, 41.

MINISTÈRE DE L'INSTRUCTION PUBLIQUE.

BIBLIOTHÈQUES SCOLAIRES.

CATALOGUE D'OUVRAGES DE LECTURE

INDIQUÉS AU CHOIX DES INSTITUTEURS

POUR LES ADULTES ET LES FAMILLES.

PARIS.

IMPRIMERIE NATIONALE.

M DCCC LXXVIII.

NOTE PRÉLIMINAIRE.

ORGANISATION DES BIBLIOTHÈQUES SCOLAIRES.

Les bibliothèques scolaires ont été instituées par un arrêté ministériel en date du 1er juin 1862.

Ce arrêté est ainsi conçu :

ARTICLE PREMIER. Il sera établi dans chaque école primaire publique une bibliothèque scolaire.

ART. 2. Cette bibliothèque sera placée sous la surveillance de l'instituteur, dans une des salles de l'école dont elle est la propriété.

Les livres seront rangés dans une armoire-bibliothèque conforme au modèle annexé à la circulaire du 31 mai 1860.

ART. 3. La bibliothèque scolaire comprendra :

1° Le dépôt des livres de classe à l'usage de l'école;

2° Les ouvrages concédés à l'école par le Ministre de l'instruction publique;

3° Les livres donnés par les préfets au moyen de crédits votés par les conseils généraux;

4° Les ouvrages donnés par les particuliers;

5° Les ouvrages acquis au moyen des ressources propres à la bibliothèque (art. 7).

ART. 4. Aucune concession de livres ne pourra être faite par le Ministre à une bibliothèque scolaire si la commune ne peut justifier :

1° De la possession d'une armoire-bibliothèque;

2° De l'acquisition des livres de classe en quantité suffisante pour les besoins des élèves gratuits.

ART. 5. Les livres de classe seront prêtés, aux moments convenables pour les exercices, à tous les enfants portés sur la liste des admissions gratuites, dressée conformément à l'article 45 de la loi du 15 mars 1850.

Les livres seront également mis entre les mains des élèves payants dont les parents auront souscrit la cotisation *volontaire,* indiquée à l'article 7 du présent arrêté.

Les ouvrages mentionnés aux paragraphes 2, 3, 4 et 5 de l'article 3 pourront être prêtés aux familles, lesquelles prendront l'engagement de les rendre en bon état ou d'en restituer la valeur.

ART. 6. Aucun des ouvrages mentionnés aux paragraphes 2, 3, 4 et 5 de l'article 3 ne peut être placé dans les bibliothèques scolaires, soit qu'il provienne d'acquisitions, soit qu'il provienne de dons faits par les particuliers, sans l'autorisation de l'inspecteur d'académie.

ART. 7. Les ressources de la bibliothèque scolaire se composent :

1° Des fonds spéciaux votés par les conseils municipaux ;

2° Des sommes portées au budget, pour fourniture de livres aux enfants indigents, et que les conseils municipaux consentiraient à appliquer à la nouvelle fondation ;

3° Du produit des souscriptions, dons ou legs destinés à ladite bibliothèque ;

4° Du produit des remboursements, faits par les familles, pour pertes ou dégradations de livres prêtés ;

5° D'une cotisation volontaire, fournie par les familles des élèves payants, et dont le taux sera fixé chaque année par le conseil départemental, après avis du conseil municipal.

ART. 8. L'instituteur communal tiendra trois registres, conformes aux modèles ci-annexés :

1° Catalogue des livres (modèle n° 2);

2° Registre des recettes et des dépenses (modèle n° 3);

3° Registre d'entrée et de sortie des livres prêtés au dehors de l'école.

Ces registres, cotés et parafés par le maire, seront visés par l'inspecteur de l'instruction primaire, lors de l'inspection de l'école.

Ils seront communiqués aux autorités scolaires à toute réquisition.

Art. 9. L'instituteur conservera et classera dans un ordre méthodique les mémoires, quittances, lettres et toutes les pièces de correspondance relatifs à la bibliothèque scolaire.

Art. 10. Chaque année, au 31 décembre, l'instituteur dresse, en présence du maire, la situation de la bibliothèque ainsi que celle de la caisse. Le procès-verbal constatant cette double opération est adressé à l'inspecteur d'Académie par l'intermédiaire de l'inspecteur primaire (modèle n° 4).

Art. 11. A chaque changement d'instituteur, le procès-verbal de récolement et de situation de la caisse est signé par l'instituteur sortant et par son successeur.

L'instituteur sortant n'est déchargé de toute responsabilité qu'après avoir obtenu de l'inspecteur de l'instruction primaire un certificat constatant que les formalités susindiquées ont été remplies et la prise en charge par son successeur.

Art. 12. A leur passage dans l'école, les inspecteurs de l'instruction primaire vérifient les divers registres énumérés à l'article 8. Ils s'assurent que l'acquisition des ouvrages a été faite conformément aux prescriptions de l'article 6 et que la bibliothèque ne contient aucun livre, donné ou légué, dont l'acceptation n'aurait pas été autorisée par l'inspecteur d'Académie; ils contrôlent les recettes et les dépenses et constatent, s'il y a lieu, les irrégularités.

Art. 13. A la fin de chaque année, l'inspecteur d'Académie adresse au Ministre de l'instruction publique, par l'intermédiaire du recteur, un rapport sur la situation des bibliothèques scolaires.

Art. 14. Les recteurs, les préfets, les inspecteurs d'Académie et les inspecteurs primaires sont chargés, chacun en ce qui le concerne, de l'exécution du présent règlement, qui sera affiché dans toutes les écoles publiques.

Il est à désirer que la progression constatée jusqu'ici dans le nombre des bibliothèques scolaires, loin de décroître, ne fasse qu'augmenter, et que, dans un avenir prochain, toutes les communes de France puissent être dotées d'une bibliothèque.

Les souscriptions et les cotisations personnelles, les abonnements, une fois la bibliothèque fondée, les subventions des conseils municipaux et des conseils généraux sont autant de moyens de former un premier noyau de livres, qui ne tarde pas à s'augmenter rapidement, à mesure que le goût de la lecture se répand.

L'Administration, de son côté, vient en aide, dans la mesure des crédits dont elle dispose, aux efforts faits par les communes et les particuliers.

En effet, elle accorde des livres aux communes qui peuvent justifier de la possession d'une armoire-bibliothèque et de l'acquisition de livres de classes en quantité suffisante pour les besoins des élèves gratuits. Ces deux conditions sont les seules imposées, et jusqu'ici toutes les localités qui les avaient remplies ont obtenu des dons de livres.

Le maire, pour obtenir une collection d'ouvrages du Ministère, doit adresser une demande au Ministre par l'intermédiaire du préfet, qui la transmet avec son avis.

Cette demande doit porter les indications suivantes :

1° La bibliothèque possède-t-elle une armoire fermée ?

2° Le conseil municipal a-t-il voté un crédit pour l'achat de livres en quantité suffisante pour les élèves gratuits ?

3° Quel est le nombre des habitants ?

4° La commune est-elle agricole, industrielle ou commerçante ?

5° De quel arrondissement fait-elle partie ?

6° Quelle est la gare de petite vitesse la plus rapprochée ?

Quand une commune a déjà reçu une concession de livres du Ministère, elle ne peut en recevoir une nouvelle que deux ans après et si elle justifie de l'acquisition de livres faite de ses propres deniers.

Les livres donnés par le Ministère sont envoyés *franco*, à l'adresse du maire, à la gare de petite vitesse la plus rapprochée de la commune.

Les communes peuvent s'adresser, pour les livres qu'elles achètent directement avec leurs ressources, soit aux libraires de la localité, s'il y en a, soit aux divers libraires de la province ou de Paris. Mais elles peuvent aussi s'adresser à l'adjudicataire accepté par l'Administration.

DÉSIGNATION D'UN ADJUDICATAIRE DE LA FOURNITURE DES LIVRES.

La fourniture aux communes, sur leur demande, des livres indiqués au catalogue ci-joint a été l'objet d'une adjudication publique qui a eu lieu le 5 février 1872 et à laquelle ont été appelés tous les libraires, éditeurs et commissionnaires en librairie.

M. Paul Dupont, libraire-éditeur à Paris, rue Jean-Jacques-Rousseau, n° 41, dont la soumission portait le rabais le plus élevé, a été déclaré adjudicataire.

AVANTAGES PROCURÉS AUX COMMUNES PAR L'ADJUDICATION.

Ces avantages sont les suivants :

1° De ne faire, si elles le désirent, qu'une seule commande, au lieu de s'adresser à plusieurs éditeurs;

2° De recevoir les ouvrages solidement *reliés*, d'après un modèle uniforme [1];

[1] Sauf les exceptions portées au paragraphe 2 de l'article 1er du cahier des charges, reproduit ci-après (page 12).

3° De recevoir les volumes demandés, *franco* de port et en bon état, jusqu'à la station du chemin de fer la plus rapprochée de la commune;

4° De n'avoir à payer, pour tous les avantages qui précèdent et pour l'achat du livre lui-même, qu'un prix inférieur de 10 p. o/o au prix porté sur le catalogue pour les ouvrages brochés.

Ces divers avantages ne s'appliquent qu'aux ouvrages admis sur les listes officielles publiées ou à publier par l'Administration.

FORME DE LA COMMANDE ET DÉTAIL DES AVANTAGES ACCORDÉS.

Toutes les communes qui, par voie de souscription, par le vote du conseil municipal, par des dons ou par d'autres ressources, auront réuni une somme quelconque pour achat de livres destinés à la bibliothèque scolaire, et qui voudront profiter des avantages stipulés en leur faveur, devront envoyer directement au ministère de l'instruction publique une demande conforme au modèle placé à la suite de la présente note et indiquant :

1° Le montant de la somme destinée à un achat de livres;

2° La liste des ouvrages choisis dans les catalogues, avec l'indication exacte de la série à laquelle appartient l'ouvrage, du numéro d'ordre, du titre, du nom de l'auteur, du prix fort;

3° L'indication de la gare de chemin de fer la plus voisine de la commune et de la ligne sur laquelle cette gare est située.

L'adjudicataire, auquel la commande sera immédiatement transmise par le Ministère, expédiera aux communes, dans un délai de quinze jours, les ouvrages demandés; ces ouvrages seront reliés en toile bisonne grise, avec titre au dos du livre, et seront transportés *franco* jusqu'à la gare du chemin de fer la plus voisine de la commune destinataire.

Le prix de la fourniture, qui résulte du rabais de 10 p. o/o consenti par l'adjudicataire sur le prix fort des ouvrages brochés, est fixé de telle sorte que la commune payera, pour l'ouvrage relié et transporté *franco*, un prix inférieur de 10 p. 0/0 au prix fort de l'ouvrage broché. Toutefois l'obligation de livrer les ouvrages reliés ne s'applique pas aux petits livres ou brochures dont le prix fort ne dépasse pas 50 centimes, et à ceux qui se vendent solidement cartonnés.

Ainsi, une commune qui demandera des livres dont le prix fort pour les ouvrages brochés (c'est le prix porté dans la dernière colonne du catalogue ci-joint) serait de 25 francs, recevra ces livres *franco* et *reliés* pour 22 fr. 50 cent.

Une commune dont la commande sera de 50 francs ne payera que 45 francs.

Pour une commande de 75 francs, elle ne payera que 67 fr. 50 cent.

Enfin, pour une commande de 100 francs elle ne payera que 90 francs.

L'adjudicataire informera la commune destinataire de l'expédition de la commande.

Les dons et souscriptions destinés à l'achat de livres pour la bibliothèque scolaire sont versés, avec cette affectation spéciale, dans la caisse du receveur municipal.

Le prix sera payé par la commune à l'adjudicataire de la manière suivante :

Pour le payement du prix des livres commandés en vertu de l'adjudication, le maire délivre, sur la caisse du receveur municipal, un mandat au profit, non de l'adjudicataire, mais du trésorier général, qui s'en charge en recette à titre de *cotisations municipales et particulières*, et qui reste ensuite chargé de faire parvenir les fonds à l'adjudicataire en un mandat sur le Trésor, et, par suite, sans qu'il en résulte aucuns frais pour les communes.

Les réclamations relatives aux fournitures comprises dans l'adjudication peuvent être adressées directement au Ministre.

Aux termes d'une circulaire ministérielle du 10 juin 1865, il ne peut être fait de concessions nouvelles d'ouvrages aux bibliothèques scolaires qui ont déjà reçu une première fois un don de livres du Ministère, que si les conseils municipaux ont contribué au développement de ces bibliothèques, en portant au budget de la commune une allocation annuelle pour achat de livres.

CARACTÈRE FACULTATIF DU CATALOGUE DES LIVRES INDIQUÉS AUX BIBLIOTHÈQUES SCOLAIRES.

Les ouvrages mentionnés sur ce catalogue y sont portés à titre d'indication et de renseignements : il n'est pas destiné à limiter les choix d'une manière absolue, mais à servir de guide. Les instituteurs, chargés de tenir la bibliothèque scolaire, restent libres d'acheter et de recevoir pour cette bibliothèque d'autres ouvrages, sous le contrôle de l'inspecteur primaire et de l'inspecteur d'Académie, conformément aux règles tracées par le Ministre de l'instruction publique dans sa circulaire du 1er juin 1862.

Il serait à désirer toutefois, surtout pour les achats peu considérables, que les instituteurs portassent de préférence leur choix sur les livres inscrits au catalogue. Cette liste renferme en effet six milles ouvrages environ et peut largement suffire aux besoins d'une bibliothèque scolaire, même très-importante.

Les ouvrages portés sur ce catalogue ont été examinés par une commission instituée au ministère de l'instruction publique, sous la présidence de M. Levêque, membre de l'Institut.

Des catalogues supplémentaires seront ultérieurement publiés.

OBLIGATIONS IMPOSÉES À L'ADJUDICATAIRE.

Aux termes du cahier des charges,

« L'adjudicataire s'engage envers le Ministre de l'instruction publique :

« 1° A fournir aux bibliothèques scolaires communales, sur leur demande, en totalité ou en partie, les livres portés à la première liste du catalogue ci-joint;

« 2° A faire relier ces livres conformément aux modèles annexés au présent cahier des charges; toutefois l'adjudicataire n'est pas soumis à cette obligation pour les livres et brochures dont le prix fort ne dépasse pas 50 centimes et pour ceux qui se vendent avec un cartonnage, pourvu toutefois que ce cartonnage offre des garanties de solidité suffisantes et reconnues par l'Administration;

« 3° A les emballer dans des conditions suffisantes de solidité;

« 4° A expédier le colis ou la caisse *franco*, par le chemin de fer, jusqu'à la station la plus rapprochée de la commune destinataire.

« L'expédition doit avoir lieu dans le délai de quinze jours, à compter de la réception de la commande par l'adjudicataire. » (Art. 1er.)

« L'adjudicataire ne pourra, sous aucun prétexte, substituer un ouvrage à un de ceux commandés, alors même que ce dernier serait épuisé en librairie. Il devra, dans ce cas, renvoyer la commande à l'Administration, en signalant l'ouvrage épuisé. Celle-ci désignera l'ouvrage qui devra le remplacer sur la feuille de commande, qu'elle renverra rectifiée à l'adjudicataire, et informera officiellement le maire de la substitution. » (Art. 11.)

« L'adjudicataire ne pourra joindre à ses envois aucun papier manuscrit ou imprimé, aucun catalogue ni aucune pièce. Le ballot ne devra contenir absolument que les seuls ouvrages commandés. » (Art. 12.)

« L'adjudicataire pourra faire tirer à ses frais, et répandre, s'il le juge à propos, un certain nombre d'exemplaires du catalogue officiel, mais à la condition expresse de le tenir au courant, et de faire figurer, sur chacun de ses tirages, la totalité des ouvrages approuvés et inscrits soit au catalogue officiel, soit au Bulletin administratif, jusqu'au jour même du tirage. Il ne pourra y joindre ni couverture imprimée, ni annonce, ni catalogue, et devra l'imprimer absolument dans la forme des catalogues officiels, sans aucune indication étrangère. Il ne pourra jamais les distribuer avec les catalogues de sa maison. » (Art. 13.)

« Les communes qui auraient à formuler quelque réclamation devront l'adresser directement au Ministre de l'instruction publique. » (Art. 14.)

MM. les maires sont priés instamment de signaler à l'Administration toutes les contraventions aux conventions ci-dessus.

Tous les ouvrages mentionnés au Bulletin administratif avec la mention : *Admis par la Commission des bibliothèques scolaires,* jouissent, de plein droit, des avantages stipulés dans la présente adjudication.

MODÈLE DE COMMANDE.

La commune de.............. arrondissement de.............. département de.............. met à la disposition de M. Paul Dupont, adjudicataire de la fourniture des livres aux bibliothèques scolaires, la somme de (1).................. ci (2).......... pour lui fournir les ouvrages dont la liste est ci-jointe, qui sont destinés à la bibliothèque scolaire des adultes et qui devront être reliés et expédiés en franchise, par petite vitesse, dans le délai de quinze jours à partir de la réception de la commande par l'adjudicataire, à la gare de.............. ligne de..........

Le Maire,
(Cachet de la mairie.)

L'Instituteur,
(Visa du ministère de l'instruction publique.)

BIBLIOTHÈQUE SCOLAIRE

de la commune d.........................
arrondissement d.........................
département d.........................

COMMANDE DE LIVRES.

NUMÉROS D'ORDRE.	NOMS DES AUTEURS.	TITRES DES OUVRAGES.	NOMBRE de VOLUMES.	FORMAT.	PRIX FORT.
		SÉRIE A. — *Ouvrages généraux. — Grammaires, etc.*			
		SÉRIE B. — *Morale et pédagogie.*			
		SÉRIE C ET SÉRIES SUIVANTES. — (*Comme au catalogue.*)			
		PRIX TOTAL de la commande au prix fort..............			
		REMISE de 10 p. 0/0 à déduire..............			
		SOMME TOTALE due par la commune pour la fourniture des ouvrages reliés et envoyés *franco*..............			

(1) Indiquer la somme en toutes lettres.
(2) Indiquer la somme en chiffres.

CATALOGUE

D'OUVRAGES DE LECTURE

INDIQUÉS AU CHOIX DES INSTITUTEURS

POUR LES ADULTES ET LES FAMILLES[1]

NOMS DES AUTEURS.	TITRES DES OUVRAGES.	NOMBRE de volumes.	FORMAT.	PRIX FORT.	ÉDITEURS.	OBSERVATIONS.
Série A. — Ouvrages généraux. — Grammaires et dictionnaires.						
				fr. c.		
Beaujean	Petit Dictionnaire universel (Littré). 1876	1	In-12.	2 50	Hachette.	
Bénard	Dictionnaire classique universel	1	In-18.	2 60	Belin.	
Bescherelle	Manuel théorique et pratique des synonymes français	1	*Idem.*	2 50	P. Dupont.	E. N.[2]
Idem	Nouveau dictionnaire classique de la langue française	1	In-8°.	10 00	Garnier.	E. N.
Bescherelle aîné.	Dictionnaire national de la langue française	2	In-4°.	50 00	*Idem.*	E. N.
Bouillet	Dictionnaire universel d'histoire et de géographie	1	In-8°.	21 00	Hachette.	
Idem	Dictionnaire universel des sciences et des arts	1	*Idem.*	21 00	*Idem.*	
Cadet (Ernest).	Dictionnaire de législation usuelle	1	In-12.	5 50	Belin.	
Cocheris	Histoire de la grammaire, 1871	1	In-18.	2 50	Boulanger.	E. N.
Delaborde (L.).	Glossaire français du moyen âge	1	In-12.	4 00	Labitte.	
Dézobry et Bachelet.	Dictionnaire d'histoire et de biographie	2	In-8°.	25 00	Delagrave.	
Idem	Dictionnaire des lettres	2	*Idem.*	25 00	*Idem.*	
Dupiney de Vorrepierre.	Dictionnaire français illustré et encyclopédie universelle	2	In-4°.	80 00	Dupiney de Vorrepierre.	

[1] Le Catalogue ne contient pas de série spéciale relative aux ouvrages religieux proprement dits. La Commission a pensé que ces ouvrages appartiennent surtout aux bibliothèques paroissiales placées sous la direction des ministres du culte, et, tout en reconnaissant que les bibliothèques scolaires peuvent utilement comprendre des ouvrages de cette catégorie, elle ne s'est pas crue compétente pour les choisir.

[2] Le signe E. N. signifie : ouvrages admis pour les écoles normales primaires et les bibliothèques scolaires des grands centres.

NOMS DES AUTEURS.	TITRES DES OUVRAGES.	NOMBRE de volumes.	FORMAT.	PRIX FORT.	ÉDITEURS.	OBSERVATIONS.
				fr. c.		
Grégoire....	Dictionnaire classique d'histoire (1877)...........	1	In-12.	8 00	Garnier.	
Idem........	Dictionnaire historique.......	1	In-8°.	20 00	*Idem.*	
Lafaye......	Dictionnaire des synonymes avec un supplément.......	1	In-8°.	23 00	Hachette.	E. N.
Larousse....	Grammaire littéraire. (Le livre du maître)............	1	In-12.	3 00	Boyer.	E. N.
Idem........	Grammaire littéraire. (Le livre de l'élève)............	1	*Idem.*	2 00	*Idem.*	E. N.
Lemaire.....	Grammaire française.........	1	In-8°.	4 00	Delalain.	E. N.
Littré.......	Dictionnaire de la langue française, abrégé par Beaujean.	1	*Idem.*	12 00	Hachette.	
Louandre....	Dictionnaire d'histoire......	1	In-18.	4 00	Dupont.	
Marty-Laveaux.	L'Enseignement de notre langue (1872)................	1	*Idem.*	1 00	Lemerre.	
Pape-Carpantier (Mme).	Cours d'éducation et d'instruction primaires.— Grammaire accompagnée d'exercices et de lectures. — Edition spéciale pour les garçons.....	1	In-12.	1 50	Hachette.	
Poitevin.....	Grammaire générale et historique de la langue française.	2	In-8°.	15 00	Magasin pittoresque.	E. N.
Privat-Deschanel et Focillon	Dictionnaire des sciences.....	2	*Idem.*	32 00	Delagrave.	
Roche.......	Synonymes français (1876)...	1	In-12.	1 00	*Idem.*	
Sardou......	Dictionnaire des synonymes...	1	*Idem.*	3 50	*Idem.*	E. N.
Idem........	Dictionnaire français et historique.................	1	In-18.	1 75	*Idem.*	
Sonnet......	Dictionnaire des mathématiques appliquées............	1	In-8°.	30 00	Hachette.	E. N.
Divers......	Le Magasin d'éducation......	16	In-8°.	112 00	Hetzel.	T. I, V, VI et X épuisés.
Idem........	Chaque volume séparément.	1	*Idem.*	7 00	*Idem.*	
Idem........	Le Magasin pittoresque.......	44	*Idem.*	308 00	Mag. pitt.	
Idem........	Chaque année..........	1	*Idem.*	7 00	*Idem.*	
Idem........	La Mosaïque. Revue pittoresque (1873-1874-1875).......	4	In-8°.	7 00	11, quai Voltaire.	
Idem........	Le Musée des familles.......	43	*Idem.*	301 00	Wallut.	
Idem........	Chaque année..........	1	*Idem.*	7 00	*Idem.*	
Idem........	Petite Encyclopédie des bibliothèques scolaires........	2	In-12.	6 00	Dumaine.	
Idem........	Un million de faits.........	1	In-18.	9 00	Garnier.	
Idem........	Écho de la Sorbonne........	12	In-4°.	72 00	Boulanger.	
Idem........	Chaque volume..........	1	*Idem.*	6 00	*Idem.*	

NOMS DES AUTEURS.	TITRES DES OUVRAGES.	NOMBRE de volumes.	FORMAT.	PRIX FORT.	ÉDITEURS.	OBSERVATIONS.
				fr. c.		
Divers	Le Journal de la jeunesse (1873-1877)	10	In-4°.	100 00	Hachette.	
	Chaque volume séparément		Idem.	10 00	Idem.	
Idem	La Lecture en famille (1873, 1874, 1875, 1876, 1877)	5	In-8°.	25 00	Hennuyer.	
	Chaque volume	1	Idem.	5 00	Idem.	
Anonyme	Bienfaiteurs de l'humanité	1	In-12.	2 00	Ducrocq.	
....	Dictionnaire de l'Académie	2	In-4°.	25 00	Didot.	B. N.
	Série B. — Morale et pédagogie.					
Alvarès	Petit Manuel de l'Enfance	1	In-18.	0 35	Delagrave.	
Amiel	Le Livre des adultes	1	In-12.	2 50	Durand.	
Audiganne	La Morale des campagnes	1	Idem.	3 50	Didier.	
Barrau	Devoirs des enfants envers leurs parents	1	In-18.	0 50	Hachette.	
Idem	Direction morale pour les instituteurs	1	In-12.	1 25	Idem.	B. N.
Idem	Conseils aux ouvriers	1	Idem.	1 25	Idem.	
Bondivenne	La Lecture et le Lecteur (1876)	1	In-8°.	1 00	Dupont.	B. N.
Bourgeois	Études pédagogiques à l'usage des instituteurs	1	In-12.	2 00	Delagrave.	
Buisson	Devoirs d'écoliers américains recueillis à l'Exposition de Philadelphie (1877)	1	Idem.	4 00	Hachette.	Bibl. pédag.
Caillard (Mme)	Entretiens familiers d'une institutrice	1	Idem.	1 50	Delagrave.	
Idem	Résumé d'éducation	1	Idem.	0 60	Idem.	
Caro	L'Idée de Dieu	1	Idem.	3 50	Hachette.	
Carré	Éléments de morale	1	Idem.	1 00	Delagrave.	
Célières (P.)	Les grandes vertus	1	Idem.	3 50	Hennuyer.	
Chasles (Em.)	La Morale en exemples (1870)	1	In-4°.	1 50	Delagrave.	
Cligny	De l'éducation dans l'école	1	In-8°.	0 60	L'auteur.	A Chalon-sur-Saône. B. N.
Damiron	La Providence	1	In-12.	0 80	Didot.	
Defodon et Ferté	Les Expositions scolaires départementales en 1868	1	In-18.	1 00	Hachette.	
Delessert et de Gérando	Les Bons exemples	2	Idem.	6 00	Didier.	
Dinocourt	Petit Cours de morale	1	Idem.	0 30	Delalain.	
Donné	Conseils aux mères sur la manière d'élever leurs enfants	1	Idem.	3 00	Baillière.	
Dumonchel	Leçons de pédagogie	1	In-12.	2 00	Delagrave.	B. N.

NOMS DES AUTEURS.	TITRES DES OUVRAGES.	NOMBRE de volumes.	FORMAT.	PRIX FORT.	ÉDITEURS.	OBSERVATIONS.
Falaise (Mme).	Leçons d'une mère à ses enfants sur la religion (1866)	1	In-12.	fr. c. 1 50	Sarlit.	
Fénelon	Éducation des filles	1	*Idem.*	0 75	Delalain.	
Franck.	Morale pour tous	1	*Idem.*	1 25	Hachette.	
Franklin	Correspondance (Éd. Laboulaye)	3	*Idem.*	3 75	*Idem.*	
Idem	Essais de morale	1	*Idem.*	1 25	*Idem.*	
Idem	Science du bonhomme Richard.	1	In-24.	0 10	Renouard.	
Gérando (De).	Morale pratique (1875)......	1	In-8°.	1 50	Mame.	
Gréard	Morale de Plutarque	1	In-12.	3 50	Hachette.	E. N.
Frémont	Petites leçons de littérature et de morale	2	In-18.	3 00	Delalain.	E. N. de filles.
Gossot	Mademoiselle Sauvan. — Sa vie et son œuvre	1	In-12.	1 50	Hachette.	
Huard	Le Sauveteur (1874)	1	In-8°.	6 00	L'auteur.	
Janet	La Famille	1	In-18.	3 50	Calman Lévy	
Idem	Petits Éléments de morale (1870)	1	*Idem.*	0 90	Delagrave.	
Le Bourgeois. .	Examen du brevet de capacité.	1	*Idem.*	2 25	Belin.	
Leclerc	Éducation par la fable	1	*Idem.*	1 50	P. Dupont.	
Levêque	Harmonies providentielles (Bibliothèque des merveilles), avec gravures	1	*Idem.*	2 25	Hachette.	Recommandé.
Lock et Couly.	La Vertu en action	1	*Idem.*	1 25	Delalain.	
Idem	Les Prix de vertu	3	*Idem.*	10 50	*Idem.*	
Loubens	Manuel de morale	1	*Idem.*	1 50	Delagrave.	E. N.
Idem	Encyclopédie morale	1	In-8°.	6 00	*Idem.*	
Marbeau	Le Bonheur et les moyens d'en jouir (1874)	1	In-12.	0 20	L'auteur.	
Mariotti	Conférences de pédagogie (2e édition), 1873	1	*Idem.*	3 00	Hachette.	E. N.
Mercier	Manuel de morale et d'économie politique	1	In-12.	2 50	Douniol.	
Minoret	L'Oraison dominicale	1	*Idem.*	1 00	Libr[ie] des Bibliophiles	
Monternault (Mme).	Nouveau manuel des comités locaux de patronage et des directrices de salles d'asile..	1	In-8°.	3 00	Hachette.	E. N.
Morin	Montyon	1	In-18.	0 25	*Idem.*	
Idem	Les prix Montyon	1	*Idem.*	0 25	*Idem.*	
Najoux	Construction et installation des écoles primaires (1873) ...	1	In-8°.	2 00	Morel.	
Niaudet	Un peu de tout ce qu'il est bon de savoir (1868)	1	*Idem.*	1 50	Niaudet.	E N.
Parez	Histoire universelle de la pédagogie	1	*Idem.*	4 00	Delagrave.	

NOMS DES AUTEURS.	TITRES DES OUVRAGES.	NOMBRE de volumes.	FORMAT.	PRIX FORT.	ÉDITEURS.	OBSERVATIONS.
Pichard	Nouveau Code de l'instruction primaire	1	In-18.	fr. c. 2 50	Hachette.	
Pinet	L'enseignement primaire en présence de l'enquête agricole.	1	*Idem.*	6 00	Ducrocq.	E. N.
Pitolet	Guide légal de l'instruction primaire	1	*Idem.*	9 00	Belin.	
Quitard et Martin.	Morale en action	1	*Idem.*	1 50	Garnier.	
Rapet	Cours d'études des écoles primaires	1	In-8°.	4 00	P. Dupont.	E. N.
Regnard (Mme).	Manuel des travaux à l'aiguille à l'usage des jeunes filles	1	In-12.	2 00	Hachette.	
Rendu	Cours de pédagogie	1	*Idem.*	2 00	Garnier.	E. N.
Idem	Guide des écoles primaires	1	In-8°.	3 00	Hachette.	
Idem	Récits moraux et instructifs (1876)	1	*Idem.*	1 50	Fouraut.	E. N.
Rousselot	L'école primaire. — Essai de pédagogie élémentaire	1	*Idem.*	1 25	Hachette.	E. N.
Rozan	La Bonté	1	*Idem.*	3 00	Ducrocq.	
Salmon	Conférences sur les devoirs des instituteurs primaires (1873).	1	*Idem.*	3 00	Hachette.	
Simon (Jules).	Le Devoir	1	*Idem.*	3 50	*Idem.*	
Stahl	Morale familière. — Contes et récits	1	*Idem.*	3 00	Hetzel.	
Théry	Le génie philosophique et littéraire de saint Augustin (1867)	1	*Idem.*	5 00	Delagrave.	E. N.
Idem	Lettres sur la profession d'instituteur	1	In-12.	2 00	*Idem.*	
Thévenin	Entretiens populaires; 3e série.	1	In-16.	1 25	Hachette.	
Idem	Entretiens populaires; 8e série.	1	*Idem.*	1 25	*Idem.*	
Winckler	Le miroir de la patience	1	In-32.	0 35	Winckler.	
Idem	Le baume de la Consolation	1	*Idem.*	0 25	*Idem.*	

Série C. — Histoire et Biographies.

NOMS DES AUTEURS.	TITRES DES OUVRAGES.	NOMBRE de volumes.	FORMAT.	PRIX FORT.	ÉDITEURS.	OBSERVATIONS.
Altenheim (Mme d').	Récits de l'histoire d'Espagne.	1	In-12.	1 25	Ducrocq.	
Armagnac (L.)	Histoire de Turenne	1	In-4°.	3 25	Mame.	
Audiganne	François Arago (1857)	1	In-18.	1 25	Capelle.	
Bachelet	Histoire ancienne grecque et romaine	1	In-12.	4 00	Courcier.	E. N.
Idem	Histoire du moyen âge	1	In-18.	4 00	*Idem.*	E. N. et villes.
Idem	Histoire de France	2	*Idem.*	8 00	*Idem.*	
Idem	Histoire contemporaine	1	*Idem.*	4 00	*Idem.*	

NOMS DES AUTEURS.	TITRES DES OUVRAGES.	NOMBRE de volumes.	FORMAT.	PRIX FORT.	ÉDITEURS.	OBSERVATIONS.
				fr. c.		
Bachelet.	Histoire des temps modernes. .	1	In-18.	4 00	Courcier.	
Idem.	Histoire générale.	4	*Idem*.	16 00	*Idem*.	
Barante (De).	Histoire de Jeanne d'Arc (1869).	1	In-12.	1 25	Didier.	
Barrau.	Histoire de la Révolution française.	1	*Idem*.	3 50	Hachette.	
Idem	La Patrie.	1	In-12.	1 50	*Idem*.	
Baudrillart . . .	Philippe de Girard.	1	In-18.	0 25	*Idem*.	
Idem	Vie de Jacquard.	1	*Idem*.	0 25	*Idem*.	
Beaufrand et Desclozières.	Biographie des grands inventeurs	1	In-8°.	4 00	Donnaud.	
Belèze et Lesieur.	Récits et biographies de l'histoire de France.	2	In-12.	2 30	Mame.	
Belloy (De) . .	Christophe Colomb (illustré). .	1	In-8°.	15 00	Ducrocq.	
Bénard (abbé).	Vie de Notre-Seigneur Jésus-Christ.	1	In-12.	3 00	Lethielleux.	
Béraud et L'Étienne.	Les gloires de la France	1	*Idem*.	12 75	Béraud.	
Bigelow	Les États-Unis d'Amérique. . .	1	In-8°.	7 50	Hachette.	
Blandeau	Patriotisme du clergé catholique et des ordres religieux pendant la guerre 1870-1871 (1873).	1	In-12.	2 00	Lecoffre.	
Bonnechose. . .	Histoire de Bertrand du Guesclin	1	*Idem*.	1 25	Hachette.	
Idem	Le général Hoche.	1	*Idem*.	1 25	*Idem*.	
Idem.	Abrégé facile de l'histoire de France.	1	In-18.	0 90	Belin.	
Idem	Histoire sacrée.	1	In-12.	3 00	Didot.	
Idem	Histoire de France.	2	*Idem*.	6 00	*Idem*.	
Bonnechose (Ch. de).	Montcalm et le Canada français (1877).	1	*Idem*.	2 50	Hachette.	
Bordier et Charton.	Histoire de France illustrée, jusqu'en 1830.	2	In-8°.	15 00	Mag. pitt.	
Bossuet.	Discours sur l'histoire universelle (édition Jacquinet). . .	1	In-12.	2 50	Belin.	
Idem	Discours sur l'histoire universelle (éd. Louandre)	1	*Idem*.	3 50	Charpentier	
Bossuet.	Discours sur l'histoire universelle.	1	In-12.	2 50	Delagrave.	
Idem.	*Idem*.	1	*Idem*.	2 50	Delalain.	
Idem.	*Idem*.	1	*Idem*.	3 00	Garnier.	
Bouchitté. . . .	Le Poussin, sa vie et son œuvre.	1	*Idem*.	3 50	Didier.	
Bouniol	La France héroïque	4	*Idem*.	10 00	Bray.	
Bourdon (Mme)	Mozart.	1	*Idem*.	0 75	Lefort.	
Idem.	Silvio Pellico. — Sa vie	1	*Idem*.	0 75	*Idem*.	
Brissaud.	Histoire contemporaine.	1	*Idem*.	2 50	Belin.	

NOMS DES AUTEURS.	TITRES DES OUVRAGES.	NOMBRE de volumes.	FORMAT.	PRIX FORT.	ÉDITEURS.	OBSERVATIONS.
				fr. c.		
Bury (De)...	Histoire de saint Louis, 1862.	1	In-12.	0 85	Mame.	
Charton.....	Histoire de trois enfants pauvres.	1	In-12.	1 25	Hachette.	
Chasles.....	Grands faits de l'histoire ancienne (1870).........	1	*Idem.*	2 50	Blériot.	
Idem........	Grands faits de l'histoire de France (1870).........	1	*Idem.*	3 00	*Idem.*	
Chevalet.....	Histoire de la Prusse.........	1	*Idem.*	3 50	Dumaine.	
Chotteau.....	La guerre de l'Indépendance (1876)...............	1	In-12.	3 50	Charpentier.	
Chomblier....	Cours d'histoire...........	1	*Idem.*	4 00	Delalain.	
Clément.....	Les Musiciens célèbres........	1	In-8°.	12 00	Hachette.	
Cler (Le génal).	Souvenirs d'un officier de zouaves...............	1	In-18.	3 50	Lévy.	
Cordellier-Delanoue	Jacques Cœur............	1	In-12.	1 25	Mame.	
Corne.......	Le cardinal Mazarin	1	*Idem.*	1 25	Hachette.	
Coudrier et Du Chatelet.	Histoire de Jussey (1876)....	1	In-8°.	4 00	à Besançon.	
Courgeon....	Récits de l'Histoire de France.	2	In-12.	7 00	Hachette.	
Courmagent..	Nice et la France (1871).....	1	*Idem.*	0 00	à Nice.	
Cuvier......	Éloges historiques..........	1	In-8°.	5 00	Ducrocq.	
Dalsème.....	Le siége de Bitche (1875)...	1	In-12.	2 00	Dentu.	
Dareste (C.)..	Histoire de France, depuis les origines jusqu'à nos jours..	8	*Idem.*	72 00	Plon.	
Dauban.....	Récits historiques. — Histoire ancienne..............	1	*Idem.*	0 80	Delagrave.	
Idem........	*Idem.* — Histoire grecque....	1	*Idem.*	2 25	*Idem.*	
Idem........	*Idem.* — Histoire sainte.....	1	*Idem.*	0 80	*Idem.*	
Idem........	Histoire de la Grèce ancienne (1876)...............	1	*Idem.*	2 25	*Idem.*	
Delalleau de Baillencourt.	Livre-atlas. — Histoire sainte.	1	In-4°.	1 75	Plon.	
Idem........	*Idem.* — Histoire ancienne...	1	*Idem.*	3 00	*Idem.*	
Idem........	*Idem.* — Histoire grecque....	1	*Idem.*	5 00	*Idem.*	
Delaporte des Vaux.	Le roi de Bourges (1864)....	1	In-8°.	1 35	Lefort.	
Descloizières..	Vie et inventions de P. de Girard.................	1	*Idem.*	2 00	Pigoreau.	
Desprez.....	L'armée de Sambre-et-Meuse .	1	In-16.	1 50	Dumaine.	
Desprez (C.)..	Kléber et Marceau (avec cartes).	1	*Idem.*	1 50	*Idem.*	
Idem........	Lazare Hoche (avec cartes)...	1	*Idem.*	1 50	*Idem.*	
Doncourt (De).	Souvenirs des ambulances (1872)...............	1	In-8°.	1 50	Lefort.	
Drioux.....	Précis d'histoire sainte......	1	In-18.	1 00	Belin.	

NOMS DES AUTEURS.	TITRES DES OUVRAGES.	NOMBRE de volumes.	FORMAT.	PRIX TOUT.	ÉDITEURS.	OBSERVATIONS.
				fr. c.		
Drohojowska (Comtesse).	Album des écoles. Les Hommes utiles. 30 biographies, avec photographies (1874)......	1	In-8°.	5 00	Chez l'auteur	
Idem	Histoire de l'Algérie	1	In-18.	2 00	P. Dupont.	
Ducoudray ...	Cent récits d'histoire de France.	1	In-8°.	4 00	Hachette.	
Ducoudray et Feillet.	Simples récits d'histoire de France.	1	In-12.	2 00	*Idem.*	
Duruy (V.)...	Histoire sainte............	1	*Idem.*	3 00	*Idem.*	
Idem........	Histoire grecque............	1	*Idem.*	4 00	*Idem.*	
Idem........	Histoire romaine...........	1	*Idem.*	4 00	*Idem.*	
Idem........	Histoire du moyen âge	1	*Idem.*	4 00	*Idem.*	
Idem........	Histoire moderne...........	1	*Idem.*	4 00	*Idem.*	
Idem........	Histoire de France..........	2	*Idem.*	8 00	*Idem.*	
Idem........	Introduction générale à l'histoire de France..........	1	*Idem.*	3 50	*Idem.*	
Idem........	Petite Histoire sainte........	1	In-18.	0 80	*Idem.*	
Idem........	Petite Histoire ancienne	1	*Idem.*	1 00	*Idem.*	
Idem........	Petite Histoire grecque......	1	*Idem.*	1 00	*Idem.*	
Idem........	Petite Histoire romaine......	1	*Idem.*	1 00	*Idem.*	
Idem........	Petite Histoire du moyen âge.	1	*Idem.*	1 00	*Idem.*	
Idem........	Petite Histoire moderne	1	*Idem.*	1 00	*Idem.*	
Idem........	Petite Histoire de France.....	1	*Idem.*	1 00	*Idem.*	
Duval	Un ouvrier en voyage (René Caillié)...............	1	*Idem.*	0 25	*Idem.*	
Ernouf.......	Denis Papin...............	1	In-12.	1 25	*Idem.*	
Fabre (colonel)	Précis de la guerre franco-allemande.................	1	In-18.	4 00	Plon.	
Faure.......	Histoire de saint Louis	2	In-8°.	15 00	*Idem.*	
Fay........	Campagne d'Allemagne en 1866................	1	In-12.	0 40	Dumaine.	
Idem........	Organisation militaire de l'Allemagne...............	1	*Idem.*	5 50	*Idem.*	
Fay (Ch.) ...	Souvenirs de la guerre de Crimée (1867)............	1	In-8°.	5 50	*Idem.*	
Fezensac (De).	Souvenirs militaires, 1804-1814.................	1	In-12.	3 50	*Idem.*	
Fouilleret....	Les Romains en Afrique	1	In-8°.	0 75	M. Ardant.	
Fleury.......	Abrégé de l'histoire d'Angleterre.................	1	*Idem.*	4 00	Hachette.	
Fleury (Abbé).	Mœurs des Israélites........	1	In-12.	1 20	Delagrave.	
Fournier.....	Les Prussiens chez nous......	1	In-18.	3 50	Dentu.	
Franklin.....	Mémoires (traduction Laboulaye)................	1	In-12.	1 25	Hachette.	
Frédéric II. ..	Œuvres historiques.........	3	*Idem.*	6 00	*Idem.*	

NOMS DES AUTEURS.	TITRES DES OUVRAGES.	NOMBRE de volumes.	FORMAT.	PRIX FORT.	ÉDITEURS.	OBSERVATIONS.
Gœpp (Éd.) ..	Les grands hommes de la France. — Hommes de guerre. T. I. Kléber, Hoche, Désaix, Marceau et Daumesnil, avec 4 portraits.......	1	In-8°.	fr. c. 4 00	Ducrocq.	Recommandé.
Idem........	Le même ouvrage..........	1	In-12.	3 00	*Idem*	*Idem.*
Gœpp et Cordier.	Les grands hommes de la France. — Hommes de guerre. T. II. Duguesclin et Bayard, avec 2 portraits...	1	In-8°.	4 00	*Idem.*	*Idem.*
Idem........	Le même ouvrage.........	1	In-12.	3 00	*Idem.*	*Idem.*
Idem........	Grands hommes de la France. — Navigateurs : Bougainville, d'Entrecasteaux, Lapérouse, Dumont d'Urville (avec cartes)............	1	In-8°.	4 00	*Idem.*	*Idem.*
Idem........	Le même ouvrage (avec cartes).	1	In-12.	3 00	*Idem.*	*Idem.*
Gœpp et de Mannoury d'Ectot.	Grands Hommes de la France. Marins (Duquesne, Tourville, 1875)...........	1	In-8°.	4 00	*Idem.*	*Idem.*
Idem........	Même ouvrage............	1	In-12.	3 00	*Idem.*	*Idem.*
Idem........	Les grands hommes de la France. — Marins. 2e série (1876)...............	1	In-8°.	4 00	*Idem.*	*Idem.*
Idem........	Les Marins (1877).........	2	*Idem.*	8 00	Furne.	
Gœpp et Ducoudray.	Le patriotisme en France....	1	In-12.	1 25	Hachette.	
Gossot........	Mademoiselle Sauvan. — Sa vie et son œuvre.........	1	In-12.	1 50	*Idem.*	E. N.
Goujon......	Histoire de Bernay (1875)...	1	*Idem.*	10 00	Herissey.	Admis pour l'Eure et la Normandie.
Gourdault....	Sully et son temps (1873)....	1	*Idem.*	2 50	Mame.	
Gournerie (De la).	Histoire de François Ier et de la Renaissance..........	1	*Idem.*	2 50	*Idem.*	
Graffigny (De).	Le frère Philippe (1874).....	1	In-12.	0 75	Lefort.	
Guadet......	Histoire sainte chronologique.	1	In-18.	0 75	Ducrocq.	
Guizot......	Édouard III et les Bourgeois de Calais...............	1	In-12.	1 25	Hachette.	
Idem........	Histoire de France racontée à mes petits-enfants.......	5	Gr. 8°.	90 00	*Idem.*	
Idem........	Histoire d'Angleterre racontée à mes petits-enfants......	2	In-8°.	50 00	*Idem.*	
Guyard de Berville.	Histoire du chevalier Bayard..	1	In-12.	0 85	Lefort.	
Héricault (D').	Histoire nationale des naufrages.	1	*Idem.*	3 00	Gaume.	
Hérodote	Récits. (Éd. Bouchot).......	1	In-8°.	3 00	Delagrave.	
Hillebrand...	La Prusse contemporaine et ses institutions.	1	In-12.	3 50	Germer-Baillière.	

NOMS DES AUTEURS.	TITRES DES OUVRAGES.	NOMBRE de volumes.	FORMAT.	PRIX FORT.	ÉDITEURS.	OBSERVATIONS.
				fr. c.		
Hubault.....	Notre Histoire en 100 pages (1875)............	1	In-12.	0 90	Delagrave.	
Hubault et Marguerin......	Histoire de France.........	1	In-8°.	3 50	*Idem.*	
Idem.......	Histoire des temps modernes..	1	*Idem.*	3 50	*Idem.*	
Humbert.....	Mythologie grecque et romaine (1874)............	1	In-12.	2 00	Thorin.	
Jobin.......	La Syrie de 1860-1861......	1	In-8°.	2 50	Lefort.	
Joinville......	Histoire de saint Louis......	1	In-12.	1 25	Hachette.	
Idem.......	Histoire de saint Louis (Éd. Millaud)............	1	*Idem.*	3 00	Plon.	
Jonveaux.....	Histoire de quatre ouvriers anglais...............	1	In-12.	1 25	Hachette.	
Josèphe (Flavius).....	Le Siége de Jérusalem......	1	In-18.	2 00	*Idem.*	
Jouault......	Abraham Lincoln..........	1	In-12.	1 25	*Idem.*	
Idem.......	Washington (1876)........	1	*Idem.*	1 25	*Idem.*	
Joubert......	Vauquelin...............	1	*Idem.*	0 70	Mame.	
Idem.......	Richard-Lenoir...........	1	*Idem.*	0 70	*Idem.*	
Idem.......	Dumont-d'Urville, 1871......	1	*Idem.*	0 70	*Idem.*	
Idem.......	Parmentier, 1871..........	1	*Idem.*	0 70	*Idem.*	
Jurien de la Gravière.	Souvenirs d'un amiral.......	2	*Idem.*	7 00	Hachette.	
Idem.......	Guerres maritimes sous la République et l'Empire (avec cartes)...............	2	*Idem.*	7 00	Charpentier	
Kleine......	Récits d'histoire..........	3	*Idem.*	8 00	Ducrocq.	
Idem.......	Récits d'histoire ancienne...	1	*Idem.*	3 00	*Idem.*	
Idem.......	Récits d'histoire moderne...	1	*Idem.*	3 00	*Idem.*	
Kœnig......	Raphaël................	1	In-8°.	0 85	Mame.	
Idem.......	Jean Bart...............	1	*Idem.*	0 85	*Idem.*	
Idem.......	Léonard de Vinci..........	1	*Idem.*	0 85	*Idem.*	
Idem.......	La Jeunesse de Michel-Ange..	1	*Idem.*	0 85	*Idem.*	
Idem.......	Tourville...............	1	*Idem.*	0 85	*Idem.*	
Idem.......	Duguay-Trouin...........	1	*Idem.*	0 85	*Idem.*	
Labouchère...	Oberkampf..............	1	In-12.	1 25	Hachette.	
Lacombe.....	L'Angleterre............	2	In-32.	1 00	*Idem.*	Recommandé.
Lacroix (D.)..	Histoire anecdotique du drapeau français..........	1	In-12.	2 50	Sagnier.	*Idem.*
Idem.......	Les enfants sauveteurs.....	1	*Idem.*	2 25	P. Dupont.	
Lafuite......	Histoire de Bossuet........	1	*Idem.*	1 00	Lefort.	
Idem.......	Histoire de Fénelon........	1	*Idem.*	1 00	*Idem.*	
Lamartine....	Christophe Colomb.........	1	*Idem.*	1 25	Lévy.	
Idem.......	*Idem*.................	1	*Idem.*	1 25	*Idem.*	

NOMS DES AUTEURS.	TITRES DES OUVRAGES.	NOMBRE de volumes.	FORMAT.	PRIX FORT.	ÉDITEURS.	OBSERVATIONS.
				fr. c.		
Lamartine. . . .	Nelson.	1	In-12.	1 25	Lévy.	
Idem.	Jacquard.	1	*Idem.*	1 25	*Idem.*	
Langlois.	Souvenirs d'un prisonnier d'Abd-el-Kader.	1	*Idem.*	3 00	Plon.	
Larchey (Lorédan).	Mémorial illustré des deux siéges de Paris 1870-1871.	1	In-4°.	14 00	Librairie du Moniteur.	
Las Cases. . . .	Souvenirs de Napoléon Ier. . . .	1	In-12.	2 00	Hachette.	
Lascaux (De).	Benjamin Franklin.	1	*Idem.*	0 30	Chassel.	
Laugel.	Les États-Unis pendant la guerre (1861-1865).	1	*Idem.*	3 50	Baillière.	
Lavallée.	Histoire de la Turquie.	2	*Idem.*	7 00	Hachette.	
Idem.	Histoire des Français.	4	*Idem.*	14 00	Charpentier	
Lavisse	Première année d'histoire de France (1876).	1	*Idem.*	1 50	Colin.	
Le Gallois. . . .	Histoire de la Savoie et du Piémont.	1	In-8°.	1 25	Mame.	
Lemercier. . . .	Conquête de Grenade	1	In-12.	1 25	*Idem.*	
Leroy.	Lectures sur l'histoire de France.	1	*Idem.*	4 00	Belin.	
Le Saint.	Fastes de l'Algérie.	1	In-8°.	1 30	Ardant.	
Lescure (De).	Henri IV (1874).	1	*Idem.*	15 00	Ducrocq.	
Idem.	Le même ouvrage (1876)	1	In-12.	1 25	Hachette.	
Idem.	François Ier.	1	In-8°.	15 00	Ducrocq.	
Levasseur. . . .	Précis d'histoire de France. . . .	1	In-12.	3 50	Masson.	
Lespinasse (De)	Vie et vertus de saint Louis. . .	1	*Idem.*	3 00	Soc. bibliog.	
Levot.	Récits de naufrages.	1	*Idem.*	2 50	Challamel.	
Lewis (Cornewal).	Histoire gouvernementale de l'Angleterre, de 1770 à 1830.	1	In-8°.	7 00	G. Baillière.	E. N.
Macaulay	Révolution anglaise, en 1688.	2	*Idem.*	7 00	Charpentier	E. N.
Idem.	Guillaume III	4	*Idem.*	14 00	*Idem.*	E. N.
Idem.	Histoire et Critique.	1	In-18.	3 00	Hetzel.	
Maisonneuve. .	Histoire de la Tour-d'Auvergne (1876).	1	In-8°.	3 50	Moniteur univ.	
Malleson.	Histoire des Français dans l'Inde	1	*Idem.*	7 50	Soc. bibl.	
Mangin	Les Savants illustres	1	*Idem.*	7 00	Ducrocq.	
Margerie (De).	La Restauration de la France.	1	In-12.	3 50	Didier.	E. N.
Martin (H.). .	Histoire de France jusqu'en 1789.	17	In-8°.	118 00	Furne.	
Idem.	Histoire de France populaire. .	4	*Idem.*	32 00	*Idem.*	
Martin (R.-P.).	Le marquis de Montcalm.	1	In-12.	2 00	Téqui.	
Martha-Beker.	Le général Desaix.	1	In-8°.	7 00	Didier.	E. N.
Marty.	Vie des chrétiens illustres. . . .	1	In-12.	2 00	Téqui.	
Maynard.	Vie de saint Vincent-de-Paul . .	1	*Idem.*	3 00	A. Bray.	E. N.
Meindre.	Histoire romaine.	2	*Idem.*	4 00	P. Dupont.	E. N.

NOMS DES AUTEURS.	TITRES DES OUVRAGES.	NOMBRE de volumes.	FORMAT.	PRIX FORT.	ÉDITEURS.	OBSERVATIONS.
				fr. c.		
Meindre.....	Histoire de la Grèce.........	1	In-12.	2 50	P. Dupont.	
Idem........	Histoire ancienne..........	1	*Idem.*	2 00	*Idem.*	
Ménard	Le maréchal Fabert.........	1	*Idem.*	0 50	Mame.	
Michaud.....	Histoire des croisades, avec gravures et cartes........	4	In-8°.	24 00	Furne.	
Michaud et Poujoulat.	Histoire des croisades (abrégée) (1863)...............	1	*Idem.*	2 50	Mame.	
Michelet.....	Louis XI et Charles le Téméraire.................	1	In-12.	1 25	Hachette.	
Idem........	Précis d'histoire moderne....	1	*Idem.*	3 50	Levy.	
Idem........	Histoire de la République romaine...............	2	*Idem.*	7 00	*Idem.*	
Mignet......	Vie de Franklin (1869)......	1	*Idem.*	1 25	Didier.	
Idem.......	Histoire de Marie Stuart.....	2	*Idem.*	7 00	*Idem.*	E. N.
Monteil (Alexis)	Histoire de l'industrie française et des gens de métiers, fig..	2	In-8°.	7 00	P. Dupont.	
Idem........	Histoire agricole de la France (l'agriculture et les classes rurales depuis l'époque gauloise jusqu'à nos jours), fig.	1	*Idem.*	3 50	*Idem.*	
Idem........	Histoire de la magistrature en France (les lois et les gens de loi, parlements, sénéchaussées, présidiaux, gens du roi, baillis, juges-châtelains, avocats, procureurs, notaires, greffiers, huissiers, bazochiens, etc.), fig......	1	*Idem.*	3 50	*Idem.*	
Idem........	Histoire financière de la France (les impôts, les budgets, les monnaies et les gens de finances, aides, commis des aides, contrôleurs généraux, surintendants, gabelleurs, fermiers traitants et contribuables)...............	1	*Idem.*	3 50	*Idem.*	
Montrond (De)	Saint Martin (1864).......	1	In-8°.	2 50	Lefort.	
Idem.	Histoire du brave Crillon (1866)	1	In-12.	1 00	*Idem.*	
Idem........	Histoire de Jean Bart (1864)..	1	*Idem.*	0 60	*Idem.*	
Idem........	Les Saints Martyrs du Japon (1863)................	1	In-8°.	1 50	*Idem.*	
Idem........	Les marins les plus célèbres...	1	In-12.	0 85	*Idem.*	
Idem........	Les Magistrats les plus célèbres.	1	*Idem.*	0 85	*Idem.*	
Idem........	Hippolyte Flandrin.........	1	*Idem.*	0 90	*Idem.*	
Mortimer d'Ocagne.	Les grandes Écoles de la France (1873)................	1	*Idem.*	3 50	Hetzel.	

NOMS DES AUTEURS.	TITRES DES OUVRAGES.	NOMBRE de volumes.	FORMAT.	PRIX FORT.	ÉDITEURS.	OBSERVATIONS.
Napoléon Ier. .	Campagnes d'Italie, d'Égypte et de Syrie.	3	In-18.	fr. c. 6 00	Hachette.	
Nugues	État militaire de la France. . .	1	In-8°.	5 00	Dumaine.	
Pallu.	Relation de l'expédition de Chine, avec atlas.	1	In-4°.	20 00	Hachette.	
Idem.	Histoire de l'expédition de Cochinchine.	1	In-8°.	3 50	*Idem*.	
Pelleport. . . .	Souvenirs militaires et intimes (1857).	2	*Idem*.	15 00	Didier.	
Péréfixe.	Histoire de Henri le Grand (1860).	1	In-12.	1 25	Mame.	
Idem.	Histoire de Henri IV (édition Vaillant).	1	In-8°.	3 00	Plon.	
Petit de Julleville.	Histoire grecque (1875).	1	In-12.	2 50	Lemerre.	
Piotrowski . . .	Souvenirs d'un Sibérien	1	*Idem*.	1 25	Hachette.	
Pigeonneau. . .	Les grandes époques de l'histoire ancienne, grecque et romaine, et de l'histoire du moyen âge.	1	*Idem*.	2 00	Belin.	
Plutarque. . . .	Romains illustres (édit. Feillet et Talbot).	1	*Idem*.	2 25	Hachette.	
Prévost-Paradol	Essai sur l'histoire universelle.	2	*Idem*.	7 00	*Idem*.	
Raffy.	Lectures historiques.	7	*Idem*.	20 00	Durand.	
Idem.	Grands faits de l'histoire de France et de l'histoire moderne.	1	*Idem*.	2 50	*Idem*.	
Idem.	Grands faits de l'histoire de France depuis 1789	1	*Idem*.	2 50	*Idem*.	
Idem.	Grands faits de l'histoire ancienne et de l'histoire générale du moyen âge.	1	*Idem*.	2 50	*Idem*.	
Idem.	Lectures d'histoire ancienne. . .	3	*Idem*.	7 50	*Idem*.	
Idem.	Lectures d'histoire moderne. . .	1	*Idem*.	3 50	*Idem*.	
Raguenet	Histoire de Turenne (1861). .	1	*Idem*.	0 50	Mame.	
Reynald.	Histoire de l'Angleterre.	1	*Idem*.	3 50	Germer-Baillière.	
Ribbe (De). . .	La Famille et la Société en France avant la Révolution (1874).	2	*Idem*.	6 00	Baltenweck.	E. N.
Riquier et Combes.	Histoire de l'Église.	1	*Idem*.	4 50	Delagrave.	
Robiou.	Histoire ancienne des peuples de l'Orient.	1	In-18.	2 50	Douniol.	E. N.
Rocheterie (De la).	Marie-Antoinette.	1	In-32.	0 25	Soc. bibliog.	
Rouvier	Histoire des marins français (1789-1803).	1	In-8°.	7 50	A. Bertrand.	

NOMS DES AUTEURS.	TITRES DES OUVRAGES.	NOMBRE de volumes.	FORMAT.	PRIX FORT.	ÉDITEURS.	OBSERVATIONS.
				fr. c.		
Roy.......	Histoire de saint Louis (1861).	1	In-12.	1 00	Lefort.	
Idem........	Le Chancelier d'Aguesseau (1862)...............	1	In-12.	1 00	*Idem.*	
Idem........	Histoire du maréchal de Villars (1857)...............	1	*Idem.*	0 75	*Idem.*	
Idem........	Histoire de Vauban.........	1	*Idem.*	1 00	*Idem.*	
Idem........	Colbert..................	1	*Idem.*	0 75	*Idem.*	
Idem........	Le Brave Crillon...........	1	In-8°.	0 80	Mame.	
Idem........	Histoire de Marguerite d'Anjou (1862)...............	1	*Idem.*	0 85	*Idem.*	E. N.
Idem........	Histoire de Jeanne d'Arc (1862)	1	In-12.	1 05	*Idem.*	
Idem........	Les Français en Égypte......	1	In-8°.	1 25	Lefort.	
Saintes (De)..	Les Guerres de l'Empire.....	1	In-12.	0 50	Ardant.	
Salluste.....	Guerre de Jugurtha.........	1	In-18.	2 00	Hachette.	
Schuster.....	Histoire biblique illustrée....	1	*Idem.*	2 50	Méniolle.	
Smiles......	Vie de Stephenson.........	1	In-12.	4 00	Plon.	
St-Génis (De).	Histoire de Savoie..........	3	*Idem.*	18 00	A Chambéry	
St-René Taillandier....	Le Général Philippe de Ségur (1875)................	1	*Idem.*	3 50	Didier.	
Talbot......	Récits de l'Ancien et du Nouveau Testament.........	2	*Idem.*	2 50	Ducrocq.	
Idem........	Histoire romaine (1875).....	1	*Idem.*	2 50	Lemerre.	
Tamisey (Abbé)	Concordance évangélique, ou histoire de N. S. J.-C......	1	*Idem.*	2 00	Sarlit.	
Terrebasse (De)	Histoire du chevalier Bayard..	1	*Idem.*	0 85	Mame.	
Thierry (Aug.).	Conquête d'Angleterre.......	4	In-18.	8 00	Furne.	
Idem........	*Idem*...................	4	In-12.	12 00	Garnier.	
Idem........	*Idem*...................	4	*Idem.*	14 00	Charpentier	
Idem........	Histoire de la conquête d'Angleterre (1866).........	2	In-8°.	12 00	Furne.	
Idem........	Essai sur l'histoire du Tiers-État (1866)...........	1	In-12.	2 00	*Idem.*	
Thiers......	Waterloo.................	1	*Idem.*	2 00	*Idem.*	
Idem........	Sainte-Hélène (1862).......	1	*Idem.*	2 00	*Idem.*	
Tite-Live....	Histoire et narrations (traduction Pannelier)..........	1	In-18.	2 00	Delalain.	
Todière.....	Histoire de Charles VIII.....	1	*Idem.*	1 15	Mame.	
Idem........	Histoire de Louis XII.......	1	*Idem.*	1 25	*Idem.*	
Topin (Marius)	L'Europe et les Bourbons sous Louis XIV............	1	In-12.	3 50	Didier.	E. N.
Turenne.....	Mémoires................	1	In-18.	2 00	Hachette.	
Tyndall	Faraday inventeur.........	1	*Idem.*	2 00	Gauthier-Vill.	
Un professeur d'histoire..	Histoire des temps modernes (1873)...............	1	In-12.	2 00	Delagrave.	

NOMS DES AUTEURS.	TITRES DES OUVRAGES.	NOMBRE de volumes.	FORMAT.	PRIX PORT.	ÉDITEURS.	OBSERVATIONS.
				fr. c.		
Un professeur d'histoire.	Histoire de France (1873) ...	3	In-12.	4 50	Delagrave.	
Idem........	Histoire ancienne..........	1	*Idem.*	1 50	*Idem.*	E. N.
Valade......	Les coutumes de Normandie, réglementées par l'édit de 1751 (1866)...........	1	*Idem.*	3 00	Durand.	Pour le Calvados, l'Orne et la Manche.
Valentin.....	Histoire des ducs de Bourgogne.	1	In-8°.	2 50	Mame.	
Idem........	Histoire abrégée des croisades.	1	In-12.	1 05	*Idem.*	
Vaulabelle....	Ligny-Waterloo...........	1	In-4°.	1 50	Garnier.	
Véron (Eugne)..	Histoire de la Prusse depuis la mort de Frédéric II jusqu'à la bataille de Sadowa........	1	In-18.	3 50	Baillière.	E. N.
Voltaire	Histoire de Charles XII......	1	In-12.	1 60	Hachette.	
Idem........	*Idem*.................	1	*Idem.*	3 00	Garnier.	
Idem........	Histoire de Charles XII (édition Grégoire).............	1	*Idem.*	1 60	Belin.	
Idem........	Histoire de Charles XII (édition Geoffroy)..............	1	In-18.	1 60	Delagrave.	
Idem........	Siècle de Louis XIV (édition Louandre).............	1	*Idem.*	3 50	Charpentier.	
Idem........	Siècle de Louis XIV (édition Dauban)...............	1	*Idem.*	2 75	Delagrave.	
Idem........	Siècle de Louis XIV	1	In-8°.	6 00	Furne.	
Idem........	*Idem*.................	1	In-12.	3 00	Garnier.	
Wallon......	Jeanne d'Arc.............	1	*Idem.*	1 00	Hachette.	
Idem........	Abrégé de l'Histoire Sainte...	1	In-18.	0 75	*Idem.*	
Idem........	La Terreur. — Études critiques sur l'histoire de la Révolution française.............	2	In-12.	7 00	*Idem.*	
Idem........	Saint Louis et son temps (1875).	2	In-8°.	15 00	*Idem.*	
Idem........	Jeanne d'Arc (1875).......	2	In-12.	7 00	*Idem.*	
Witt (Mme de).	Scènes historiques.........	1	In-8°.	5 00	*Idem.*	
Xénophon ...	Expédition des dix mille.....	1	In-18.	2 00	*Idem.*	
Zurcher et Margollé.	Les Naufrages célèbres. — Bibliothèque des merveilles ...	1	*Idem.*	2 25	*Idem*	
Anonyme....	Histoire populaire de la France.	4	*Idem.*	30 00	*Idem.*	
Idem........	Vie des Saints............	2	In-12.	4 00	Didot.	
Idem........	Histoire de Bossuet.........	1	*Idem.*	1 00	Lefort.	
Idem........	Silvio Pellico, sa vie et sa mort.	1	In-18.	0 75	*Idem.*	
Idem........	Histoire de Fénelon.........	1	In-12.	1 00	*Idem.*	
Idem........	Biographie portative........	1	In-18.	7 00	Garnier.	
Idem........	Bienfaiteurs de l'humanité....	1	In-12.	2 00	Ducrocq.	
Idem........	Victoires et Conquêtes.......	13	In-8°.	78 00	Didot.	
Idem........	La Gaule et les Gaulois (1876) (illustré)...............	1	In-32.	0 50	Hachette.	

NOMS DES AUTEURS.	TITRES DES OUVRAGES.	NOMBRE de volumes.	FORMAT.	PRIX FORT.	ÉDITEURS.	OBSERVATIONS.
	Série D. — Géographie et Voyages.					
Agassiz......	Voyage au Brésil (1869).....	1	In-12.	fr. c. 2 25	Hachette.	
Alvarès et Manuel.	La France...............	4	*Idem.*	5 00	Delagrave.	
Aubin......	Géographie du Var (1868)...	1	*Idem.*	0 80	Aubin.	
Aunet (Mme Léonie d').	Voyage d'une femme au Spitzberg.................	1	*Idem.*	2 25	Hachette.	
Auger (Éd.)..	Récits d'outre-mer..........	1	*Idem.*	3 00	Didier.	
Backer......	Découverte de l'Albert-N'yanza.	1	In-8°.	10 00	Hachette.	E. N.
Idem........	Le Lac Albert.............	1	In-12.	2 25	*Idem.*	
Bainier......	La géographie appliquée à la marine, au commerce, etc..	1	In-8°.	20 00	Belin.	
Barberet.....	Atlas de géographie moderne .	1	In-8°.	2 50	Delagrave.	
Bazin et F. Cadet.	Atlas spécial de la France.....	1	In-4°.	12 00	Delalain.	
Bazin.......	Atlas élémentaire de la jeunesse.	1	In-8°.	2 50	Delagrave.	
Beauvoir (Cte de).	Voyage autour du monde.....	1	*Idem.*	16 00	Plon.	
Idem........	Le même ouvrage..........	3	In-18.	12 00	*Idem.*	
Béhaghel....	L'Algérie................	1	*Idem.*	3 50	Béhaghel.	
Berchère.....	Le Désert de Suez.........	1	In-12.	3 00	Hetzel.	
Berthet......	Les petits écoliers dans les cinq parties du monde (1877)..	1	In-8°.	7 00	Furne, Jouvet et Cie.	
Bescherelle aîné et G. Devars.	Grand dictionnaire de géographie universelle, ancienne et moderne...............	4	In-4°.	40 00	Courcier.	
Biart.......	A travers l'Amérique (couronné par l'Académie française)..	1	In-8°.	14 00	Hennuyer.	
Idem........	Le même ouvrage..........	1	In-12.	3 50	*Idem.*	
Blerzy......	Torrents, fleuves et canaux de la France.............	1	In-32.	0 75	Germer-Baillière.	
Bonnechose...	Géographie physique, historique et politique de la France (1868)...............	1	In-4°.	3 00	Didot.	
Bonnefont...	Atlas de géographie ancienne (27 cartes)............	1	*Idem.*	3 00	Fouraut.	
Idem........	Atlas de géographie contemporaine (37 cartes)........	1	*Idem.*	12 00	*Idem.*	
Idem........	Atlas élémentaire de géographie contemporaine (9 cartes)..	1	In-8°.	2 50	*Idem.*	
Idem........	Atlas élémentaire de géographie (premier âge)..........	1	*Idem.*	2 00	*Idem.*	
Borson......	Frontière Sud-Est. — Savoie et Nice.................	1	In-12.	0 75	Dumaine.	

NOMS DES AUTEURS.	TITRES DES OUVRAGES.	NOMBRE de volumes.	FORMAT.	PRIX FORT.	ÉDITEURS.	OBSERVATIONS.
				fr. c.		
Bruno......	Le tour de France par deux enfants............	1	In-12.	1 50	Belin.	Admis et recommandé.
Brydone.....	Voyages en Sicile et à Malte..	1	Idem.	0 85	Mame.	
Burnaby.....	Une visite à Khiva..........	1	Idem.	4 00	Plon.	
Burton......	Voyages du capitaine Burton à la Mecque, aux Grand-Lacs d'Afrique et chez les Mormons (abrégés par Belin de Launay). 1870...............	1	Idem.	1 25	Hachette.	
Cahun (L.)...	Les aventures du capitaine Magon................	1	In-8°.	10 00	Idem.	
Campe......	Découverte de l'Amérique...	1	Idem.	10 00	Garnier.	
Idem........	Idem.....................	1	In-12.	3 00	Delalain.	
Idem........	Idem.....................	2	In-8°.	3 00	Idem.	
Catlin.......	La vie chez les Indiens......	1	In-12.	2 25	Hachette.	
Charton.....	Le Tour du Monde (1860-1877) — Chaque année séparément.	1	In-4°.	25 00	Idem.	Admis pour les villes.
Idem........	Voyageurs anciens et modernes.	1	In-8°.	24 00	Mag. pitt.	
Charton (Ch.).	Les Vosges pittoresques......	4	In-12.	2 00	Chassel.	
Châteaubriand.	Itinéraire de Paris à Jérusalem, illustré (1873)..........	1	Idem.	5 00	Furne.	
Idem........	Itinéraire de Paris à Jérusalem.	1	Idem.	1 30	Barbou.	
Chevalier....	Atlas de géographie moderne..	1	In-f°.	8 00	Delalain.	
Cortambert..	Petite Géographie illustrée du premier âge..............	1	In-18.	0 80	Hachette.	
Idem........	Le Globe illustré..........	1	In-4°.	4 00	Idem.	
Idem........	Voyage pittoresque à travers le monde (1877)...........	1	In-8°.	5 00	Idem.	
Delâtre......	Voyage en Orient..........	1	Idem.	0 60	Ardant.	
Idem........	Voyage en Océanie.........	1	In-18.	0 60	Idem.	
Denis et Chauvin.	Les Vrais Robinsons........	1	In-8°.	15 00	Mag. pitt.	
Deville......	Excursions dans l'Inde.......	1	In-12.	3 50	Hachette.	
Ditandy.....	Géographie élémentaire du département de l'Aude (1875).	1	Idem.	1 50	Pomiès.	
Dorlhac de Borne et Fèvre.	Géographie du département de l'Yonne...............	1	Idem.	1 75	Gallot, à Auxerre.	Admis pour l'Yonne et la Bourgogne.
Idem........	Petite Géographie pour le département de l'Yonne (1875).	1	Idem.	1 10	Delagrave.	
Drioux et Leroy.	Petit Atlas de géographie moderne...............	1	In-8°.	2 00	Belin.	
Idem........	Atlas classique de géographie ancienne et moderne......	1	In-4°.	8 00	Idem.	
Idem........	Nouvel Atlas de géographie moderne...............	1	Idem.	6 50	Idem.	

NOMS DES AUTEURS.	TITRES DES OUVRAGES.	NOMBRE de volumes.	FORMAT.	PRIX FORT.	ÉDITEURS.	OBSERVATIONS.
				fr. c.		
Drioux et Leroy.	Atlas élémentaire de géographie moderne	1	In-4°.	3 75	Belin.	
Idem	Atlas universel de géographie ancienne, romaine, moyen âge, moderne et contemporaine	1	*Idem.*	12 50	*Idem.*	
Drohojowska (Comtesse).	L'Égypte et le Canal de Suez	1	In-12.	2 00	L'auteur.	
Idem	L'Algérie	1	*Idem.*	2 00	P. Dupont.	
Idem	Une semaine à Cracovie	1	In-8°.	1 50	Lefort.	
Dubail	Géographie de l'Alsace-Lorraine (1876)	1	In-18.	2 00	Hetzel.	
Dubail et Guèze	Cartes-croquis de géographie militaire.	1	Atlas in-4°.	4 50	Hachette.	
Dubois	Le Pôle et l'Équateur	2	In-18.	4 00	Lecoffre.	
Dufaud	Manière de construire les cartes à fresque	1	In-8°.	2 00	Delagrave.	
Dufour	Grand Atlas universel	1	In-f°.	90 00	Abel Pilon.	
Duluc	France physique, administrative, militaire et économique (1875)	1	In-12.	2 50	Dumaine.	
Dumont d'Urville.	Voyage autour du monde (1859)	2	In-8°.	30 00	Furne.	
Dupaigne	Les Montagnes	1	*Idem.*	9 00	Mame.	E. N.
Durand (abbé).	Les missions catholiques françaises, avec atlas (1874)	1	*Idem.*	1 90	Delagrave.	
Duval (Jules)	Notre planète	1	In-12.	3 50	Hachette.	Recommandé.
Ernouf	Le Caucase (1876)	1	*Idem.*	4 00	Plon.	
Farine	À travers la Kabylie	1	In-18.	7 00	Ducrocq.	
Fillias	Géographie de l'Algérie	1	In-12.	1 25	Hachette.	
Foncin	1re année de géographie (12e éd.) (1877)	1	In-8°.	1 30	Colin.	
Fournel	Promenades d'un touriste	1	In-12.	2 00	Baltenweck.	
Fournier	Nouvelle carte de la Franche-Comté.	1	In-f°.	4 50	Ch. l'auteur à Besançon.	
Gasc	Manuel de la géographie du département de Tarn-et-Garonne (1872).	1	In-32.	1 50	Forestier-Neveu à Montauban	
Girard (L'abbé).	France et Chine (1870)	2	In-18.	15 00	L'auteur.	
Gœpp et Cordier.	Grands hommes de la France. — Navigateurs : Bougainville, d'Entrecasteaux, Lapérouse, Dumont d'Urville (avec cartes).	1	In-8°.	4 00	Ducrocq.	
Idem	Le même ouvrage (avec cartes).	1	In-12.	3 00	*Idem*	

NOMS DES AUTEURS.	TITRES DES OUVRAGES.	NOMBRE de volumes.	FORMAT.	PRIX FORT.	ÉDITEURS.	OBSERVATIONS.
				fr. c.		
Gœpp et Mannoury d'Ectot.	Les grands hommes de la France. — Marins : Duquesne, Tourville (avec cartes)......	1	In-8°.	4 00	Ducrocq.	
Idem........	*Idem* avec cartes............	1	In-12.	3 00	*Idem.*	
Grégoire	Géographie physique, politique et économique de la France et de ses colonies (1873).....	1	*Idem.*	3 00	Garnier.	
Grosselin	Atlas universel de géographie physique, politique et historique (d'après Delamarche)..	1	In-4°.	16 00	Grosselin.	
Guyot-Jomard.	Géographie du Morbihan (1867)	1	In-12.	2 00	Galles, à Vannes.	Pour la Bretagne seulement
Hébert Duperron.	Géographie du Calvados (1874).	1	In-12.	1 10	Delagrave.	
Hennequin...	Premier atlas des écoles; géographie élémentaire. — Département de la Seine (1877).	1	In-8°.	1 25	Mag. géographique.	
Idem........	La France. — Configuration physique et topographique par bassins fluviaux et départements..................	1	In-4°.	2 25	*Idem.*	
Idem........	Petit cours de topographie pratique, illustré de cartes et plans..................	1	In-18.	1 25	*Idem.*	
Hervé et de Lanoye.	Voyages dans les glaces du pôle arctique...........	1	In-12.	2 25	Hachette.	
Hübner (De).	Promenade autour du monde.	2	*Idem.*	7 00	*Idem.*	
Jacobs	Les Capitales anciennes......	1	In-18.	1 50	Dupont.	
Jedina (De)..	Voyage autour de l'Afrique...	1	In-8°.	8 00	Dreyfous.	
Joanne......	Géographie des 89 départements :					
Idem........	*Idem*. Allier...............	1	In-12.	1 00	Hachette.	
Idem........	*Idem*. Basses-Alpes.........	1	*Idem.*	1 00	*Idem.*	
Idem........	*Idem*. Cantal.............	1	*Idem.*	1 00	*Idem.*	
Idem........	*Idem*. Charente...........	1	*Idem.*	1 00	*Idem.*	
Idem........	*Idem*. Charente-Inférieure...	1	*Idem.*	1 00	*Idem.*	
Idem........	*Idem*. Corrèze............	1	*Idem.*	1 00	*Idem.*	
Idem........	*Idem*. Côte-d'Or...........	1	*Idem.*	1 00	*Idem.*	
Idem........	*Idem*. Deux-Sèvres.........	1	*Idem.*	1 00	*Idem.*	
Idem........	*Idem*. Doubs.............	1	*Idem.*	1 00	*Idem.*	
Idem........	*Idem*. Gironde............	1	*Idem.*	1 00	*Idem.*	
Idem........	*Idem*. Indre-et-Loire.......	1	*Idem.*	1 00	*Idem.*	
Idem........	*Idem*. Isère..............	1	*Idem.*	1 00	*Idem.*	
Idem........	*Idem*. Jura..............	1	*Idem.*	1 00	*Idem.*	
Idem........	*Idem*. Landes.............	1	*Idem.*	1 00	*Idem.*	
Idem........	*Idem*. Loir-et-Cher........	1	*Idem.*	1 00	*Idem.*	

NOMS DES AUTEURS.	TITRES DES OUVRAGES.	NOMBRE de volumes.	FORMAT.	PRIX FORT.	ÉDITEURS.	OBSERVATIONS.
				fr. c.		
Joanne......	*Idem.* Loiret.............	1	In-12.	1 00	Hachette.	
Idem........	*Idem.* Loire-Inférieure......	1	*Idem.*	1 00	*Idem.*	
Idem........	*Idem.* Maine-et-Loire......	1	*Idem.*	1 00	*Idem.*	
Idem........	*Idem.* Meurthe...........	1	*Idem.*	1 00	*Idem.*	
Idem........	*Idem.* Oise..............	1	*Idem.*	1 00	*Idem.*	
Idem........	*Idem.* Puy-de-Dôme........	1	*Idem.*	1 00	*Idem.*	
Idem........	*Idem.* Rhône.............	1	*Idem.*	1 00	*Idem.*	
Idem........	*Idem.* Saône-et-Loire......	1	*Idem.*	1 00	*Idem.*	
Idem........	*Idem.* Haute-Saône........	1	*Idem.*	1 00	*Idem.*	
Idem........	*Idem.* Seine-et-Marne......	1	*Idem.*	1 00	*Idem.*	
Idem........	*Idem.* Seine-et-Oise.......	1	*Idem.*	1 00	*Idem.*	
Idem........	*Idem.* Somme............	1	*Idem.*	1 00	*Idem.*	
Idem........	*Idem.* Ain...............	1	*Idem.*	1 00	*Idem.*	
Idem........	*Idem.* Char[te]-Inférieure....	1	*Idem.*	1 00	*Idem.*	
Idem........	*Idem.* Dordogne..........	1	*Idem.*	1 00	*Idem.*	
Idem........	*Idem.* Oise..............	1	*Idem.*	1 00	*Idem.*	
Idem........	*Idem.* Vienne............	1	*Idem.*	1 00	*Idem.*	
Idem........	*Idem.* Haute-Vienne........	1	*Idem.*	1 00	*Idem.*	
Idem........	*Idem.* Vosges............	1	*Idem.*	1 00	*Idem.*	
Idem........	Petit dictionnaire de la France.	1	*Idem.*	6 00	*Idem.*	
Idem........	Voyage illustré dans les cinq parties du monde........	1	In-4°.	15 00	Garnier.	
Idem........	Dictionnaire de la France, de l'Algérie et des Colonies...	1	In-8°.	25 00	Hachette.	
Idem........	De la Loire à la Garonne.....	1	*Idem.*	14 00	*Idem.*	
Idem........	Guide. — Auvergne, Morvan, Cévennes.............	1	*Idem.*	10 00	*Idem.*	
Idem........	*Idem.* Bourgogne, Franche-Comté, Savoie..........	1	*Idem.*	8 00	*Idem.*	
Idem........	*Idem.* Bretagne...........	1	*Idem.*	10 00	*Idem.*	
Idem........	*Idem.* Loire et Centre.......	1	*Idem.*	12 00	*Idem.*	
Idem........	*Idem.* Nord..............	1	*Idem.*	8 00	*Idem.*	
Idem........	*Idem.* Normandie..........	1	*Idem.*	10 00	*Idem.*	
Idem........	*Idem.* Pyrénées...........	1	*Idem.*	12 00	*Idem.*	
Idem........	*Idem.* Vosges............	1	*Idem.*	11 00	*Idem.*	
Johnson.....	Dans l'extrême Far-West (traduction Talandier).......	1	In-12.	2 25	*Idem.*	
Jonvaux.....	Deux ans dans l'Afrique orientale (1871)............	1	In-8°.	2 50	Mame.	
Kingston.....	Une croisière autour du monde (traduction Belin de Launay) 1876............	1	*Idem.*	5 00	Hachette.	
Kleine......	Les Richesses de la France...	1	In-18.	3 50	Ducrocq.	

NOMS DES AUTEURS.	TITRES DES OUVRAGES.	NOMBRE de volumes.	FORMAT.	PRIX FORT.	ÉDITEURS.	OBSERVATIONS.
Kleine	Les Richesses de l'Europe (1877)	1	In-12.	fr. c. 3 50	Ducrocq.	
Lamothe (De).	Le Cap aux ours	1	*Idem.*	3 00	Blériot.	
Lanoye (De).	La Mer polaire	1	*Idem.*	2 25	Hachette.	
Idem	Grandes scènes de la nature	1	*Idem.*	2 25	*Idem.*	
Idem	Voyage dans les glaces du pôle arctique	1	In-12.	2 25	*Idem.*	
Idem	La Sibérie	1	*Idem.*	2 25	*Idem.*	
Lavaissière	Voyages et aventures d'un jeune marin (1863)	1	*Idem.*	1 50	Ardant.	
Idem	Les Pionniers allemands et américains	1	In-8°.	0 60	*Idem.*	
Le Béalle	Nouvel atlas des départements.	1	In-4°.	18 00	P. Dupont.	
Idem	Cartes modèles et cartes esquisses des départements	1	*Idem.*	0 20	*Idem.*	
Lebrun	Voyages et découvertes dans l'Afrique	1	In-12.	1 05	Mame.	
Idem	Voyages et découvertes des compagnons de Colomb	1	*Idem.*	1 05	*Idem.*	
Idem	Aventures et conquêtes de Fernand Cortez	1	*Idem.*	1 05	Mame.	
Idem	Voyages et aventures du capitaine Cook	1	*Idem.*	0 85	*Idem.*	
Lebrun et Le Béalle.	Géographie des écoles (atlas).	1	In-8°.	3 00	Delalain.	
Leclercq (J.).	Un été en Amérique	1	In-12.	4 00	Plon.	
Lehr (Ernest).	Scènes de mœurs et récits de voyages	4	*Idem.*	8 00	Berger-Levrault.	
Lemire	Cochinchine française et royaume de Cambodge (1869)	1	*Idem.*	4 00	Challamel.	
Levasseur	La France et ses colonies	1	*Idem.*	6 00	Delagrave.	
Idem	*Idem* (atlas)	1	*Idem.*	3 00	*Idem.*	
Idem	Géographie physique	1	*Idem.*	2 50	*Idem.*	
Idem	Manuel de géographie (cours moyen) (1874)	1	*Idem.*	2 00	*Idem.*	
Idem	Atlas pour servir à l'intelligence du Manuel de géographie (cours moyen) (1874)	1	In-8°.	5 00	*Idem.*	
Idem	Géographie des cinq parties du monde (cours moyen) (1874)	1	In-12.	1 25	*Idem.*	
Idem	Petite géographie à l'usage du département de la Seine	1	*Idem.*	1 25	*Idem.*	
Lhuillier	Géographie physique et historique de Seine-et-Marne (1877)	1	*Idem.*	1 50	Blondel, à Meaux.	

NOMS DES AUTEURS.	TITRES DES OUVRAGES.	NOMBRE de volumes.	FORMAT.	PRIX FORT.	ÉDITEURS.	OBSERVATIONS.
				fr. c.		
Livingstone...	Explorations dans l'Afrique australe (1840-1864)....	1	In-12.	1 25	Hachette.	
Idem........	*Idem* (illustré)............	1	*Idem.*	2 25	*Idem.*	
Mackensie-Wallace.	La Russie..............	2	In-8°.	15 00	Dreyfous.	
Mage.......	Voyage dans le Soudan occidental. (Bibliothèque rose).	1	In-12.	2 25	Hachette.	
Magin......	Géographie moderne........	1	*Idem.*	1 25	Delagrave.	
Malte-Brun...	Géographie univers. avec atlas.	6	*Idem.*	80 00	Garnier.	E. N.
Idem........	Les Jeunes voyageurs en France................	2	*Idem.*	2 50	Ducrocq.	
Idem........	Géographie universelle, nouvelle édition par Th. Lavallée (illustré)...........	6	In-8°.	72 00	Furne.	
Idem........	Atlas universel...........	1	In-fol.	16 00	*Idem.*	
Idem........	Géographie : Amérique et Océanie..................	1	In-12.	3 00	Boulanger.	
Idem........	Géographie : Asie et Afrique (1873)................	1	*Idem.*	2 75	*Idem.*	
Marmier (X).	Un été au bord de la Baltique.	1	*Idem.*	3 50	Hachette.	
Idem........	Du Danube au Caucase......	1	*Idem.*	3 50	Garnier.	
Idem........	Du Rhin au Nil...........	2	In-18.	7 00	*Idem.*	
Idem........	Lettres sur l'Islande........	1	In-12.	3 50	*Idem.*	
Idem........	Lettres sur la Russie........	1	*Idem.*	3 50	*Idem.*	
Idem........	Lettres sur l'Algérie........	1	*Idem.*	3 50	*Idem.*	
Idem........	Lettres sur l'Adriatique......	2	*Idem.*	7 00	*Idem.*	
Idem........	Voyage en Californie........	1	*Idem.*	3 50	*Idem.*	
Idem........	Les voyageurs nouveaux.....	3	*Idem.*	10 50	*Idem.*	
Idem........	Les États-Unis et le Canada (1874)................	1	In-8°.	1 50	Mame.	
Idem........	Impressions et souvenirs d'un voyageur chrétien (1873)..	1	*Idem.*	2 00	*Idem.*	
Marsaud	Géographie de la Charente (1874)...............	1	In-12.	1 50	Baillarger.	
Maunoir et Duveyrier.	L'année géographique (1876).	1	*Idem.*	3 50	Hachette.	
Maury	Géographie physique de la mer.	1	*Idem.*	3 00	Hetzel.	
Idem........	La Terre et l'Homme........	1	*Idem.*	6 00	Hachette.	
Meignan.....	De Paris à Pékin par la Sibérie.	1	*Idem.*	4 00	Plon.	
Meissas et Michelot.	Dictionnaire de géographie ancienne et moderne.......	1	In-8°.	7 50	Hachette.	
Milton et Cheadle.	Voyage de l'Atlantique au Pacifique...............	1	*Idem.*	10 00	*Idem.*	
Idem........	Le même ouvrage abrégé. (Traduit par Belin de Launay.).	1	In-12.	2 25	*Idem.*	

NOMS DES AUTEURS.	TITRES DES OUVRAGES.	NOMBRE de volumes.	FORMAT.	PRIX FORT.	ÉDITEURS.	OBSERVATIONS.
				fr. c.		
Montégut (E.).	En Bourbonnais et en Forez.	1	In-12.	3 50	Hachette.	E. N.
Mouhot	Voyage dans les royaumes de Siam, de Cambodge et de Laos.	1	Idem.	1 25	Idem.	
Idem.	Voyage dans le royaume de Siam (illustré).	1	Idem.	2 25	Idem.	
Orbigny (D').	Voyage dans les deux Amériques, illustré (1867).	1	In-8°.	15 00	Furne.	
Omalius d'Halloy (D').	Manuel pratique d'ethnographie	1	In-12.	3 00	Lacroix.	E. N.
Palgrave	Une année dans l'Arabie centrale.	1	Idem.	1 25	Hachette.	
Peigné	Dictionnaire géographique de la France.	1	Idem.	7 50	Delagrave.	
Percy Saint-John.	Le Robinson du Nord.	1	In-8°.	1 30	Ardant.	
Périgot	Premier Atlas de l'enfance	1	In-12.	0 80	Delagrave.	Recommandé.
Idem.	Atlas de géographie contemporaine.	1	In-4°.	1 50	Idem.	
Idem.	La France depuis le traité de Francfort.	1	In-18.	3 00	Boulanger.	
Pfeiffer (Ida).	Voyage à Madagascar.	1	In-12.	3 50	Hachette.	
Idem.	Voyage d'une femme autour du monde.	2	Idem.	7 00	Idem.	
Pieffer	Légende territoriale de la France.	1	In-8°.	4 00	Delagrave.	
Piesse	Itinéraire de l'Algérie (1874).	1	In-12.	12 00	Hachette.	
Pigeonneau...	Géographie physique et politique de la France et des 5 parties du monde. Cours moyen	1	Idem.	2 25	Belin.	
Pinard (Jules).	La Constitution de l'Europe moderne (1453-1598).	1	In-18.	2 50	Boulanger.	
Pinot et Sagaire.	Dix cartes de géographie.	10	In-4°.	0 50	Pinot et Sagaire.	
Poujoulat....	Voyage à Constantinople.	1	In-12.	1 50	Sarlit.	
Raffy	Atlas d'histoire et de géographie.	1	In-4°.	5 00	Durand.	
Idem.	Lectures géographiques.	5	In-12.	15 00	Idem.	
Idem.	L'Europe depuis le traité de Francfort.	1	In-18.	2 00	Boulanger.	
Rambosson...	Les Colonies.	1	In-8°.	7 50	Delagrave.	
Reclus (Élysée)	Les Phénomènes terrestres. I. Les Continents.	1	In-12.	1 25	Hachette.	
Idem.	Les Phénomènes terrestres. II. Les Mers et les Météores.	1	Idem.	1 25	Idem.	

NOMS DES AUTEURS.	TITRES DES OUVRAGES.	NOMBRE de volumes.	FORMAT.	PRIX FORT.	ÉDITEURS.	OBSERVATIONS.
				fr. c.		
Reclus (Élysée)	Nouvelle géographie universelle illustrée. Tomes I, II, III.	3	In-8°.	90 00	Hachette.	
Richard	Guide du voyageur en France (1874)...............	1	*Idem.*	12 00	*Idem.*	
Robertson....	Histoire de la découverte de l'Amérique............	1	*Idem.*	3 00	Plon.	
Roche (Antonin).	Géographie physique (1873)..	1	*Idem.*	1 75	Delagrave.	
Roque (Phocion).	Topographie d'Athènes......	1	In-18.	4 00	Plon.	
Roussin	Une Campagne sur les côtes du Japon...............	1	In-12.	3 50	Hachette.	
Roy........	La Chine et la Cochinchine...	1	*Idem.*	2 50	Lefort.	
Sachot (O.)..	Grandes Cités de l'ouest américain................	1	*Idem.*	2 00	Ducrocq.	
Idem........	Récits de voyages (aventures, types, etc.)............	1	*Idem.*	2 00	*Idem*.....	
Idem........	La France et l'empire des Indes................	1	*Idem.*	2 00	Sarlit.	
Idem........	Pays d'extrême Orient.......	1	*Idem.*	2 00	*Idem.*	
Idem	La Sibérie orientale........	1	In-8°.	7 50	Ducrocq.	
Idem.......	Ceylan.................	1	In-12.	2 00	Sarlit.	
Idem.......	Madagascar.............	1	*Idem.*	2 00	*Idem.*	
Sanis.......	Géographie de la France.....	1	*Idem.*	2 00	Delalain.	
Saulcy.	Dictionnaire topographique de la Terre-Sainte (1877)....	1	In-8°.	5 00	Vieweg.	
Schweinfurth .	Au cœur de l'Afrique (traduction Belin de Launay, 1877).	1	In-12.	1 25	Hachette.	
Smiles......	Voyage d'un jeune garçon autour du monde (1876)........	1	In-18.	4 00	Plon.	
Teissier.....	L'Algérie. Précis géographique.	1	In-12.	0 75	Teissier.	
Thiriat......	La vallée de Cleurie (Vosges).	1	In-18.	3 00	Chassel.	Vosg. Meurth.
Valentin.....	Voyage de Lapérouse........	1	In-12.	1 05	Mame.	
Verne.......	Les enfants du capitaine Grant.	1	In-8°.	9 00	Hetzel.	
Idem	Les Anglais au pôle Nord....	1	In-12.	3 00	*Idem.*	
Idem	Le Désert de glace.........	1	In-18.	3 00	*Idem.*	
Idem	Voyage au centre de la terre...	1	In-12.	3 00	*Idem.*	
Idem	Cinq semaines en ballon.....	1	*Idem.*	3 00	*Idem.*	
Vivien de Saint-Martin.	L'année géographique 1862-1876................	15	*Idem.*	52 00	Hachette.	
Idem	Chaque année séparément....	1	*Idem.*	3 50	*Idem.*	
Idem	Histoire de la géographie et des découvertes géographiques, avec atlas (1873)........	1	In-8°.	20 00	*Idem.*	

NOMS DES AUTEURS.	TITRES DES OUVRAGES.	NOMBRE de volumes.	FORMAT.	PRIX FORT.	ÉDITEURS.	OBSERVATIONS.
				fr. c.		
Vogué (Mis de).	Syrie, Palestine, etc. (1876). .	1	In-18.	4 00	Plon.	
Wachter et Hennequin.	Atlas élémentaire de topographie (40 planches, 300 dessins, cartes ou plans).	1	In-4°.	2 00	Dupont.	
Wey.	La Haute-Savoie.	1	In-12.	3 50	Hachette.	
Wogan (De). .	Six mois dans le Far West. . .	1	*Idem.*	3 50	Didier.	
Zeller.	Petite géographie de Meurthe-et-Moselle (1875).	1	In-12.	1 10	Delagrave.	
Zurcher et Margollé.	Les Naufrages célèbres.	1	*Idem.*	2 25	Hachette.	
Anonyme	L'Afrique.	1	*Idem.*	0 85	Lefort.	
Idem	L'Amérique	1	*Idem.*	0 85	*Idem.*	
Idem	L'Asie.	1	*Idem.*	0 85	*Idem.*	
Idem	L'Océanie.	1	*Idem.*	0 85	*Idem.*	
Idem	Les missions catholiques. — Bulletin hebdomadaire illustré. Tome V (1874).	1	In-4°.	9 00	Challamel.	
Un marin. . . .	Introduction à l'étude de la géographie (1874).	1	In-12.	3 00	Furne.	Recommandé.
Un officier français.	L'Allemagne (1871).	1	In-18.	5 00	Deshays, à Rouen.	
Génie milit. . .	Carte de France, noire (1 feuille).		In-f°.	2 00	Dumaine.	
Idem	*Idem*, coloriée (1 feuille).	"	*Idem.*	3 00	*Idem.*	
État-major. . .	Carte du département de la Seine (2 feuilles).	"	*Idem.*	0 50	*Idem.*	
X.	Nouvel abrégé de tous les voyages autour du monde.	2	In-12.	2 40	Mame.	
Anonyme. . . .	Petit atlas départemental de la France.	1	In-8°.	1 00	Hachette.	

Série E. — Classiques.

NOMS DES AUTEURS.	TITRES DES OUVRAGES.	NOMBRE de volumes.	FORMAT.	PRIX FORT.	ÉDITEURS.	OBSERVATIONS.
Bernardin de Saint-Pierre.	OEuvres choisies.	1	In-12.	2 25	Hachette.	
Idem	Paul et Virginie.	1	*Idem.*	10 00	Garnier.	
Idem	OEuvres choisies (illustré). . . .	1	In-8°.	6 00	Ducrocq.	
Idem.	Paul et Virginie, suivi de la Chaumière indienne (illustré)	1	*Idem.*	15 00	Furne.	
Boileau.	OEuvres poétiques (édition Aubertin)	1	In-12.	1 50	Belin.	E. N.
Idem	OEuvres (édition Louandre). . .	1	*Idem.*	3 50	Charpentier	
Idem	OEuvres poétiques (éd. Travers).	1	*Idem.*	1 50	Delagrave.	E. N.
Idem	OEuvres (édit. Sainte-Beuve). .	1	*Idem.*	3 00	Garnier.	E. N.

NOMS DES AUTEURS.	TITRES DES OUVRAGES.	NOMBRE de volumes.	FORMAT.	PRIX FORT.	ÉDITEURS.	OBSERVATIONS.
				fr. c.		
Boileau.	Œuvres (illustrées).	1	In-8°.	5 00	Furne.	
Idem	Œuvres poétiques (édition Poujoulat).	1	Gr. 8°.	15 00	Mame.	
Idem	Œuvres complètes	2	In-8°.	8 00	Cattier.	
Idem	*Idem*	2	In-12.	4 00	*Idem.*	
Idem	Œuvres	1	*Idem.*	10 00	Didot.	
Idem	Œuvres poétiques.	2	In-18.	6 00	Hetzel.	E. N.
Bossuet.	Œuvres	4	In-12.	40 00	Didot.	
Idem	Oraisons funèbres	1	In-8°.	4 00	Cattier.	
Idem	*Idem*	1	In-12.	2 00	*Idem.*	
Idem	Discours sur l'histoire universelle. — Oraisons funèbres.	1	*Idem.*	5 00	Furne.	
Idem	Bossuet de la jeunesse.	1	*Idem.*	2 50	Mame.	
Idem	Oraisons funèbres (édit. Poujoulat).	1	Gr. 8°.	20 00	*Idem.*	
Idem	Discours sur l'histoire universelle.	1	In-8°.	4 00	Cattier.	
Idem	*Idem*	1	In-12.	2 00	*Idem.*	
Idem	*Idem* (édition Delachapelle). .	1	*Idem.*	2 50	Delagrave.	
Idem	Discours sur l'histoire universelle.	1	Gr. 8°.	20 00	*Idem.*	
Idem	*Idem* (édit. Jacquinet, 1872).	1	In-12.	2 50	Belin.	
Idem	Discours sur l'histoire universelle.	2	In-18.	6 00	Hetzel.	
Idem	Oraisons funèbres	1	*Idem.*	3 00	*Idem.*	
Idem	Panégyriques (1875)	1	In-8°.	3 00	Cattier.	
Bourdaloue. . .	Œuvres.	3	Gr. 8°.	30 00	Didot.	E. N.
Bourdaloue, Fléchier, Massillon.	Chefs-d'œuvre oratoires.	1	In-8°.	5 00	Furne.	
Buffon	Œuvres choisies.	1	*Idem.*	2 50	Mame.	
Idem	Morceaux choisis (édition Hémardinquer).	1	In-12.	1 50	Delagrave.	E. N.
Corneille	Œuvres.	2	*Idem.*	20 00	Didot.	
Idem	*Idem* (édition Louandre).	2	*Idem.*	7 00	Charpentier	
Idem	Théâtre choisi.	1	In-18.	1 75	Delalain.	
Idem	Théâtre	1	In-8°.	12 50	Garnier.	
Idem	Théâtre choisi.	1	In-12.	3 00	*Idem.*	
Idem	Chefs-d'œuvre (édit. Chasles). .	1	*Idem.*	2 50	Delagrave.	
Idem	*Idem* (édition Saucié).	1	In-8°.	2 50	Mame.	
Idem	Chefs-d'œuvre.	1	*Idem.*	3 50	Ducrocq.	
Idem	Œuvres choisies (illustrées) . .	1	*Idem.*	6 00	*Idem.*	
Idem	Œuvres dramatiques (illustré).	1	*Idem.*	7 00	Furne.	E. N.

NOMS DES AUTEURS.	TITRES DES OUVRAGES.	NOMBRE de volumes.	FORMAT.	PRIX FORT.	ÉDITEURS.	OBSERVATIONS.
				fr. c.		
Corneille	Œuvres dramatiques	3	In-18.	9 00	Hetzel.	
Delavigne (C.).	Les enfants d'Édouard	1	In-8°.	1 00	Tresse.	
Idem	Louis XI	1	*Idem.*	1 00	*Idem.*	
Delille	Œuvres	1	*Idem.*	10 00	Didot.	
Fénelon	Fables	1	In-18.	0 60	Delagrave.	
Idem	Œuvres	3	In-8°.	30 00	Didot.	
Idem	Aventures de Télémaque	1	In-12.	1 60	Belin.	
Idem	*Idem*	1	In-18.	3 00	Garnier.	
Idem	Œuvres choisies (Télémaque et Fables)	1	In-8°.	6 00	Ducrocq.	
Idem	Œuvres choisies : Dialogues sur l'éloquence. — Mémoire sur les occupations de l'Académie française. — De l'éducation des filles. — Fables. — Opuscules divers. — Dialogues des morts	1	In-12.	3 00	Garnier.	
Idem	Aventures de Télémaque (illustrées)	1	In-8°.	6 00	Furne.	
Idem	Traité de l'existence de Dieu	1	*Idem.*	4 00	Gattier.	
Idem	*Idem*	1	In-12.	2 00	*Idem.*	
Idem	Morceaux choisis (édit. Didier).	1	*Idem.*	1 75	Delagrave.	
Idem	Aventures de Télémaque	1	Gr. 8°.	2 50	Mame.	
Idem	*Idem*	2	In-18.	6 00	Hetzel.	
Fléchier	Oraisons funèbres	1	In-8°.	4 00	Cattier.	
Idem	*Idem*	1	In-12.	2 00	*Idem.*	
Idem	*Idem* (édition Didier)	1	*Idem.*	1 50	Delagrave.	
Florian	Fables	1	In-18.	0 60	Delalain.	
Idem	Choix de fables (notes de Rogier)	1	In-18.	0 75	Belin.	
Idem	Fables	1	*Idem.*	3 00	Garnier.	
Idem	*Idem* (illustrées par Grandville).	1	In-8°.	10 00	*Idem.*	
Idem	Fables (édition illustrée)	1	*Idem.*	6 00	Ducrocq.	
Foë	Robinson Crusoé (illustré)	1	*Idem.*	6 00	*Idem.*	
Idem	*Idem*	2	*Idem.*	2 50	*Idem.*	
Idem	*Idem* (illustré)	1	In-4°.	5 00	Didot.	
Idem	*Idem*	1	In-12.	1 90	Ardant.	
Idem	*Idem* (illustré)	1	In-8°.	10 00	Garnier.	
Idem	*Idem*	1	In-12.	3 00	*Idem.*	
Idem	*Idem*	1	*Idem.*	2 25	Hachette.	
Hérodote	Récits (édition Bouchot)	1	In-8°.	3 00	Delagrave.	
Homère	Beautés de l'Iliade et de l'Odyssée (édition Feillet)	1	In-12.	2 25	Hachette.	

NOMS DES AUTEURS.	TITRES DES OUVRAGES.	NOMBRE de volumes.	FORMAT.	PRIX FORT.	ÉDITEURS.	OBSERVATIONS.
				fr. c.		
La Bruyère...	Les Caractères...........	1	Gr. 8°.	2 50	Mame.	
Idem.......	*Idem*..................	1	In-8°.	4 00	Cattier.	
Idem.......	*Idem*..................	1	In-12.	2 00	*Idem.*	
La Fontaine..	Fables (édition Louandre)....	1	*Idem.*	3 50	Charpentier	
Idem.......	*Idem* (édit. illustrée par Grandville)...............	1	*Idem.*	5 50	Mame.	
Idem.......	Fables (édition Poujoulat)...	1	Gr. 8°.	2 50	*Idem.*	
Idem.......	*Idem*..................	1	In-18.	3 00	Garnier.	
Idem.......	*Idem* (édition Colincamp)....	1	In-12.	1 60	Delagrave.	
Idem.......	*Idem* (édition de Guerle).....	1	*Idem.*	1 60	Delalain.	
Idem.......	Fables annotées par Buffon (édition Jouaust)........	1	*Idem.*	3 50	Jouaust.	
Idem.......	Œuvres..................	1	In-8°.	10 00	Didot.	
Idem.......	Fables (édition Ruelle)......	1	In-18.	1 25	P. Dupont.	
Idem.......	*Idem* (édition Aubertin).....	1	In-12.	1 60	Belin.	
Idem.......	Fables (illustrées)..........	1	In-8°.	6 00	Ducrocq.	
Idem.......	*Idem*..................	1	*Idem.*	6 00	Furne.	
Idem.......	Fables..................	2	In-18.	6 00	Hetzel.	
La Rochefoucauld.	Mémoires, maximes et lettres..	1	In-8°.	4 00	Cattier.	
Idem.......	*Idem*..................	1	In-12.	2 00	*Idem.*	
Malherbe.....	Poésies..................	1	In-8°.	4 00	*Idem.*	
Idem.......	*Idem*..................	1	In-12.	2 00	*Idem.*	
Marcel.......	Chefs-d'œuvre classiques....	4	*Idem.*	15 00	Delalain.	
Massillon....	Œuvres..................	2	In-8°.	20 00	Didot.	
Maury.......	Essai sur l'éloquence de la chaire................	1	*Idem.*	3 00	Garnier.	
Molière......	Théâtre choisi............	1	In-18.	1 75	Delalain.	
Idem.......	Le Misanthrope............	1	In-12.	0 40	Delagrave.	
Idem.......	Œuvres..................	1	In-8°.	10 00	Didot.	
Idem.......	Œuvres (édition Louandre)..	3	In-12.	10 50	Charpentier	
Idem.......	Œuvres choisies (illustrées) .	2	In-8°.	6 00	Ducrocq.	
Idem.......	Chefs-d'œuvre............	2	In-12.	2 50	Hachette.	
Idem.......	Œuvres complètes..........	3	*Idem.*	9 00	Garnier.	
Idem.......	Œuvres complètes (illustré)..	2	In-8°.	14 00	Furne.	
Montesquieu..	Grandeur et décadence des Romains................	1	*Idem.*	3 50	Ducrocq.	
Idem.......	*Idem* (édition Grégoire).....	1	In-12.	1 25	Belin.	
Pascal.......	Pensées.................	1	*Idem.*	3 00	Delagrave.	
Idem.......	Pensées.................	1	In-8°.	4 00	Cattier.	
Idem.......	*Idem*..................	1	In-12.	2 00	*Idem.*	
Idem.......	Pensées (édition Rocher).....	1	Gr. 8°.	2 00	Mame.	

NOMS DES AUTEURS.	TITRES DES OUVRAGES.	NOMBRE de volumes.	FORMAT.	PRIX FORT.	ÉDITEURS.	OBSERVATIONS.
				fr. c.		
Racine......	Théâtre (édition Louandre)...	1	Gr. 8°.	3 50	Charpentier	....
Idem........	Œuvres................	1	In-8°.	16 00	Didot.	....
Idem........	Théâtre choisi............	2	In-18.	5 00	Delagrave.	....
Idem........	Œuvres complètes..........	8	In-12.	16 00	Caillier.	....
Idem........	Théâtre (Andromaque, les Plaideurs, Britannicus, Bérénice, Bajazet)..............	1	Gr. 8°.	2 50	Mame.	
Idem........	Chefs-d'œuvre (1862).......	2	In-12.	2 50	Hachette.	
Idem........	Théâtre complet...........	1	In-18.	3 00	Garnier.	
Idem........	Œuvres choisies...........	1	In-8°.	6 00	Ducrocq.	
Idem........	Œuvres (illustrées)........	1	*Idem.*	7 00	Furne.	
Idem........	Œuvres dramatiques.......	3	In-18.	9 00	Hetzel.	E. N.
Sévigné (Mme de)	Lettres.................	1	In-8°.	6 00	Furne.	
Idem........	Lettres choisies (édit. Poujoulat)	1	Gr. in-8°	2 50	Mame.	
Tite-Live.....	Histoires et narrations choisies (traduction Pannelier)....	1	In-12.	2 00	Delalain.	
Virgile......	Œuvres choisies (par Feillet).	1	*Idem.*	2 25	Hachette.	
Voltaire......	Siècle de Louis XIV........	2	In-8°.	6 00	Furne.	
Idem........	Siècle de Louis XIV........	1	In-12.	2 75	Belin.	
....	Morceaux choisis de littérature française (édition Boucher).	3	*Idem.*	4 80	*Idem.*	E. N.
....	Prosateurs français des XVIIe et XVIIIe siècles (édition Godefroy)................	1	*Idem.*	4 00	Gaume.	E. N.
....	Poëtes français des XVIIe, XVIIIe et XIXe siècles (édition Godefroy)................	1	*Idem.*	4 00	*Idem.*	E. N.
....	Prosateurs français du XIXe siècle (édition Godefroy).......	1	In-12.	4 00	Gaume.	E. N.
....	Morceaux choisis de littérature (édition Feugère).......	2	*Idem.*	6 00	Delalain.	E. N.
....	Chefs-d'œuvre de la littérature (édition Feugère).......	2	*Idem.*	6 00	*Idem.*	E. N.
....	Nouveau recueil de morceaux choisis (édition Gidel)......	2	*Idem.*	7 00	Delagrave.	
....	Morceaux choisis de littérature (édition Noël).........	1	*Idem.*	1 60	Belin.	
....	Les poëtes français (édition Roche)................	1	In-18.	3 50	Delagrave.	
....	Les prosateurs français (édition Roche)............	1	*Idem.*	3 50	*Idem.*	
....	Morceaux choisis des meilleurs prosateurs du second ordre (Ed. Théry).........	2	In-12.	3 60	Delagrave.	

NOMS DES AUTEURS.	TITRES DES OUVRAGES.	NOMBRE de volumes.	FORMAT.	PRIX FORT.	ÉDITEURS.	OBSERVATIONS.
....	Littérature française. Lectures choisies par Staaff........	6	In-8°.	fr. c. 25 00	Didier.	
....	*Idem.* Tome I............	2	*Idem.*	7 50	*Idem.*	
....	*Idem.* Tome II............	2	*Idem.*	8 50	*Idem.*	
....	*Idem.* Tome III............	2	*Idem.*	9 00	*Idem.*	
....	Théâtre classique : le Cid, Horace, Cinna, Polyeucte, Britannicus, Esther, Athalie, le Misanthrope, Mérope (avec notes de MM. Aderer, Aulard, Gidel, Henry, Jouette).	1	In-12.	3 00	Belin.	
....	Théâtre classique : le Cid, Horace, Cinna, Polyeucte, le Misanthrope, Esther, Athalie, Britannicus..........	1	*Idem.*	3 00	Delalain.	
....	Théâtre classique..........	1	*Idem.*	3 00	Delagrave.	

Série F. — Littérature. — Poésies, Romans, Contes et Théâtre.

NOMS DES AUTEURS.	TITRES DES OUVRAGES.	NOMBRE de volumes.	FORMAT.	PRIX FORT.	ÉDITEURS.	OBSERVATIONS.
Andrieux....	Œuvres choisies (éd. Rozan)..	1	In-8°.	6 00	Ducrocq.	
Barbier (Mlle).	Entretiens spirituels (1876)..	1	In-18.	2 00	Plon.	
Beecher-Stowe (Mme).	L'Oncle Tom (édition Belloc).	1	In-12.	3 50	Charpentier	
Idem.........	*Idem.* (édition Esnault)......	1	*Idem.*	1 25	Hachette.	
Idem.........	Une Poignée de contes......	1	*Idem.*	0 50	Bazin et Girardot.	
Bernardin de Saint-Pierre.	Œuvres choisies...........	1	*Idem.*	2 25	Hachette.	
Idem........	Paul et Virginie............	1	*Idem.*	1 25	*Idem.*	
Idem........	*Idem*....................	1	*Idem.*	10 00	Garnier.	
Berthet (Élie).	Les Houilleurs de Polignies...	1	*Idem.*	1 25	Hachette.	
Bescherelle...	Petit Cours de littérature théorique et pratique.........	1	*Idem.*	1 50	P. Dupont.	
Boileau......	Œuvres poétiques (édition Aubertin)................	1	In-12.	1 50	Belin.	
Idem........	Œuvres (édition Louandre)..	1	*Idem.*	3 50	Charpentier	E. N.
Idem........	Œuvres poétiques..........	1	*Idem.*	1 50	Delagrave.	
Idem........	Œuvres (édition Sainte-Beuve).	1	*Idem.*	3 00	Garnier.	
Idem........	Œuvres.................	1	In-8°.	10 00	Didot.	E. N.
Bornier (De).	La Fille de Roland.........	1	*Idem.*	3 50	Dentu.	
Bossuet......	Œuvres..................	4	*Idem.*	40 00	Didot.	E. N.
Idem........	Bossuet de la jeunesse (édition Saucié).............	1	*Idem.*	2 50	Mame.	

NOMS DES AUTEURS.	TITRES DES OUVRAGES.	NOMBRE de volumes.	FORMAT.	PRIX FORT.	ÉDITEURS.	OBSERVATIONS.
				fr. c.		
Boucher	Morceaux choisis de littérature française	3	In-12.	4 80	Belin.	B. N.
Bourdaloue	Œuvres	3	In-8°.	36 00	Didot.	B. N.
Bourdon (Mme)	Viviane	1	In-12.	2 00	Mollie.	
Brétignère	Notions de littérature	1	In-18.	4 00	Courcier.	
Idem	Notions d'histoire littéraire	1	*Idem.*	4 00	*Idem.*	
Brizeux	Œuvres complètes	2	*Idem.*	7 00	Lévy.	
Idem	Œuvres	4	*Idem.*	20 00	Lemerre.	
Bulwer	Les derniers jours de Pompei	1	*Idem.*	1 05	Mame.	
Idem	Mémoires de Pisistrate Caxton	2	*Idem.*	2 50	Hachette.	
Cahun	La bannière bleue (1876)	1	In-8°.	10 00	*Idem.*	
Campaux	Maisonnette	1	In-12.	3 00	Berger-Levrault.	
Carraud (Mme)	Une servante d'autrefois	1	*Idem.*	4 25	Hachette.	
Célières (P.)	Contez-nous cela	1	*Idem.*	3 50	Hennuyer.	Recommandé.
Idem	Une heure à lire	1	*Idem.*	3 50	*Idem.*	
Idem	Les grandes vertus	1	*Idem.*	3 50	*Idem.*	
Cervantès	Don Quichotte (abrégé)	1	In-8°.	6 00	Ducrocq.	
Idem	*Idem*	2	In-12.	2 50	*Idem.*	
Idem	*Idem*	1	*Idem.*	2 25	Hachette.	
Chamisso	L'homme qui a perdu son ombre (1864)	1	In-18.	1 50	*Idem.*	
Charton	Lectures de famille (extraits du Magasin pittoresque)	1	*Idem.*	5 00	Mag. pittor.	
Chasles (Émile)	Contes de tous pays	1	In-8°.	10 00	Garnier.	
Idem	Nouveaux contes de tous pays	1	*Idem.*	10 00	*Idem.*	
Idem	Histoire abrégée de la littérature française	2	In-12.	5 00	Ducrocq.	B. N.
Châteaubriand	Le Génie du christianisme	1	*Idem.*	3 50	Hachette.	
Idem	*Idem*	2	In-18.	6 00	Garnier.	
Idem	*Idem*	1	In-8°.	1 30	Barbou.	
Idem	Conférences et lectures	1	In-12.	3 50	Didier.	
Idem	Le Génie du christianisme (1865)	1	In-18.	6 00	Furne.	
Idem	Itinéraire de Paris à Jérusalem (1873, illustré)	1	*Idem.*	6 00	*Idem.*	
Idem	Les Martyrs (1865)	1	*Idem.*	6 00	*Idem.*	
Chauvin	Romanciers grecs et latins	1	In-12.	1 25	Hachette.	
Colomb (Mme)	Le bonheur de Françoise (1877)	1	In-8°.	5 00	Hachette.	
Idem	La Fille de Carilès	1	*Idem.*	5 00	*Idem.*	
Conscience (H.)	Le Conscrit	1	In-18.	1 25	Lévy.	
Cooper	Le Pilote	1	In-8°.	3 50	Furne.	
Idem	La Prairie	1	*Idem.*	3 50	*Idem.*	
Idem	Le Dernier des Mohicans	1	*Idem.*	3 50	*Idem.*	

NOMS DES AUTEURS.	TITRES DES OUVRAGES.	NOMBRE de volumes.	FORMAT.	PRIX FORT.	ÉDITEURS.	OBSERVATIONS.
				fr. c.		
Cooper.	Le Corsaire rouge..........	1	In-8°.	3 50	Furne.	
Idem........	Le Lac Ontario............	1	*Idem.*	3 50	*Idem.*	
Idem........	Les Pionniers.............	1	*Idem.*	3 50	*Idem.*	
Idem........	Le Tueur de daims.........	1	*Idem.*	3 50	*Idem.*	
Idem........	L'Espion.................	1	*Idem.*	3 50	*Idem.*	
Idem........	Les Pionniers.............	1	*Idem.*	2 00	Rigaud	
Idem........	Le dernier des Mohicans.....	1	*Idem.*	2 00	*Idem.*	
Idem........	L'Espion.................	1	*Idem.*	2 40	Barbou.	
Idem........	Le Dernier des Mohicans.....	1	*Idem.*	2 40	*Idem.*	
Idem........	Le Tueur de daims.........	1	*Idem.*	2 00	*Idem.*	
Idem........	Les Pionniers.............	1	*Idem.*	2 00	*Idem.*	
Corneille......	Œuvres..................	2	*Idem.*	20 00	Didot.	
Idem........	*Idem* (édition Louandre).....	2	In-12.	7 00	Charpentier	
Idem........	Théâtre choisi............	2	In-18.	1 75	Delalain.	
Idem........	Théâtre..................	1	In-8°.	12 50	Garnier.	
Idem........	Théâtre choisi............	1	In-12.	3 00	*Idem.*	
Idem........	Chefs-d'œuvre (édition Chasles)	1	*Idem.*	2 50	Delagrave.	
Cummins (Miss)	L'Allumeur de réverbères.....	1	*Idem.*	1 25	Hachette.	
Dasconaguères.	Les Échos du pas de Roland..	1	*Idem.*	1 50	Marchand.	
Delavigne (C.)	Les Enfants d'Édouard.......	1	In-8°.	1 00	Tresse.	
Delille	Œuvres..................	1	*Idem.*	10 00	Didot.	
Delon.......	Simples lectures préparant à l'étude de l'histoire (1877)..	1	In-12.	1 25	Boulanger.	
Deltour......	Principes de composition et de style (1875)...........	1	In-8°.	2 75	Delagrave.	
Idem........	Principes de composition et de style (abrégé, 1875).......	1	In-18.	1 50	Delagrave.	
Demogeot....	Tableau de la littérature française au XVII° siècle (1868).	1	In-8°.	4 00	Hachette.	
Deroulède....	Chants du soldat..........	1	*Idem.*	1 00	Lévy.	
Idem........	Nouveaux Chants du soldat...	1	*Idem.*	1 00	*Idem.*	
Deslys (Ch.)..	L'Ami du village..........	1	In-12.	3 00	Dentu.	
Idem........	La Balle d'Iéna (1876)......	1	*Idem.*	2 00	Blériot.	
Dezobry et Bachelet.	Dictionnaire des lettres......	1	In-8°.	25 00	Delagrave.	
Dickens	Les Contes de Noël (1864)...	1	In-12.	1 25	Hachette.	
Ditandy......	Lectures variées sur le département de l'Aude..........	1	In-12.	1 50	L'Auteur.	
Drouet	Sur terre et sur mer........	1	*Idem.*	3 50	Hachette.	
Drohojowska (Comtesse).	Une semaine à Cracovie......	1	In-8°.	1 50	Lefort.	Écoles catholiques.
Idem........	Causeries du soir (1875)......	1	In-12.	1 50	Sarlit.	
Édom........	Mythologie...............	1	In-18.	0 90	Delagrave.	

NOMS DES AUTEURS.	TITRES DES OUVRAGES.	NOMBRES de volumes.	FORMAT.	PRIX FORT.	ÉDITEURS.	OBSERVATIONS.
				fr. c.		
Erckmann-Chatrian.	L'Ami Fritz	1	In-12.	3 00	Hachette.	
Idem	Le fou Yégof	1	*Idem.*	3 00	Hetzel.	
Idem	*Idem*	1	In-4°.	1 60	*Idem.*	
Ernst (Mlle)	Tony Brenner (1875)	1	In-12.	1 50	Hachette.	
Espinois (De l')	Les Catacombes de Rome (1875)	1	*Idem.*	2 50	Société bibl.	
Étienne	Histoire de la littérature italienne	1	*Idem.*	4 00	Hachette.	
Fabre-Massias.	L'Algérie. — Souvenirs militaires (1876)	1	*Idem.*	3 50	Plon.	
Fénelon	Fables	1	In-18.	0 60	Delagrave.	
Idem	Œuvres	3	In-8°.	30 00	Didot.	B. N.
Idem	Aventures de Télémaque	1	In-12.	1 60	Belin.	
Idem	*Idem*	1	In-18.	3 00	Garnier.	
Ferry (G.)	Le Coureur des bois	1	In-12.	7 00	Hachette.	
Feugère	Morceaux choisis de littérature (Classe de grammaire)	2	*Idem.*	3 00	Delalain.	
Idem	Chefs-d'œuvre de la littérature.	2	*Idem.*	6 00	*Idem.*	
Fleuriot (Mlle)	Histoires pour tous (1874)	2	*Idem.*	2 00	Blériot.	
Florian	Fables	1	*Idem.*	0 85	Delalain.	
Idem	Choix de fables. (Notes de Rogier)	1	*Idem.*	0 75	Belin.	
Idem	Fables	1	*Idem.*	3 00	Garnier.	
Idem	Fables (illustr. par Grandville).	1	In-8°.	10 00	*Idem.*	
Frank et Alslében.	Contes allemands du temps passé	1	*Idem.*	7 50	Didier.	
Frémont	Premières leçons de littérature et de morale (1868-1872)	2	In-18.	3 00	Delalain.	
Freytag	Doit et Avoir	3	In-12.	3 75	Hachette.	
Gaël (Mme)	Le foyer	1	*Idem.*	2 00	Sandoz et Fischbacher	
Galland	Les Mille et une Nuits. (Abrégé).	2	*Idem.*	2 50	Ducrocq.	
Gautier	La chanson de Roland (1875).	1	In-8°.	2 50	Mame.	
Idem	*Idem*	1	Gr. 8°.	30 00	*Idem.*	
Gérald (Mme).	Madeleine	1	In-12.	2 00	Sandoz et Fischbacher	
Gérard (Jules).	Le tueur de lions	1	*Idem.*	2 00	Hachette.	
Géruzez	Essai de la littérature française.	2	*Idem.*	7 00	Garnier.	
Idem	Histoire abrégée de la littérature française	1	*Idem.*	3 00	Delalain.	
Gérusez	Histoire de la littérature française (1869)	2	In-12.	7 00	Didier.	
Idem	Histoire de la littérature française pendant la Révolution.	1	*Idem.*	3 50	Charpentier	

NOMS DES AUTEURS.	TITRES DES OUVRAGES.	NOMBRE de volumes.	FORMAT.	PRIX FORT.	ÉDITEURS.	OBSERVATIONS.
				fr. c.		
Girardin......	L'oncle Placide (1876)........	1	In-8°.	5 00	Hachette.	
Idem........	Fausse route (1875)........	1	*Idem.*	5 00	*Idem.*	
Idem........	Le neveu de l'oncle Placide..	1	*Idem.*	5 00	*Idem.*	
Goldsmith....	Le Vicaire de Wakefield	1	*Idem.*	3 50	Charpentier	
Gouraud (Mlle)	Esquisses morales (1866)....	1	In-18.	1 75	Delsol.	
Grimm........	Contes choisis............	1	In-12.	2 25	Hachette.	
Guerrier de Haupt (Mlle).	Marthe................	1	*Idem.*	3 00	Didier.	
Guizot	L'amour dans le mariage.....	1	*Idem.*	1 25	Hachette.	
Hall (Basil) ..	Scènes de la vie maritime....	1	*Idem.*	1 25	*Idem.*	
Hauff.........	L'auberge du Spessart.......	1	*Idem.*	2 25	*Idem.*	
Henty.........	Les jeunes francs-tireurs. (Traduction de Mme Rousseau)..	1	In-8°.	5 00	*Idem.*	
Héricault (D').	Les Mémoires de mon oncle..	1	In-12.	3 00	Didier.	
Idem........	Les cousins de Normandie (1874)............	1	*Idem.*	3 00	*Idem.*	
Hüe (Mme S.).	Les maternelles............	1	*Idem.*	2 50	L'Auteur.	
Janolin.......	L'Aïeul (1869)............	1	*Idem.*	3 50	Didier.	
Joret-Desclosières.	Histoire d'un jeune détenu (1876)............	1	*Idem.*	1 50	Moniteur universel.	E. N.
Jussieu (L. de).	Écrits populaires de Franklin.	1	In-18.	0 40	Colas.	
Kompert	Nouvelles juives (1873)......	1	In-12.	1 25	Hachette.	
Labouchère....	Oberkampf (1866)..........	1	*Idem.*	1 25	*Idem.*	
Laboulaye.....	Contes bleus..............	1	*Idem.*	3 50	Charpentier	
Idem........	Abdallah ou le Trèfle à quatre feuilles..............	1	*Idem.*	3 50	*Idem.*	
Idem........	Contes et nouvelles.........	1	*Idem.*	2 00	Ducrocq.	
Idem........	Contes bleus..............	1	In-8°.	10 00	Furne.	
Idem........	Nouveaux contes bleus illustrés.	1	*Idem.*	10 00	*Idem.*	
Lacroix (D.)..	Histoire anecdotique du drapeau français..........	1	In-12.	2 50	Saguier.	
Idem........	Les enfants sauveteurs	1	*Idem.*	2 25	P. Dupont.	
Lafayette (De).	La Prime d'honneur.........	1	*Idem.*	1 25	Hachette.	
Idem........	Petit-Pierre ou le Bon Cultivateur...............	1	*Idem.*	1 10	*Idem.*	
Idem........	Le Poëme des champs.......	1	*Idem.*	3 50	*Idem.*	
La Fontaine...	Fables (Édition Louandre)...	1	*Idem.*	3 50	Charpentier	
Idem........	*Idem.* (Édition illustrée par Grandville.)............	1	*Idem.*	5 50	Mame.	
Idem........	*Idem*..................	1	In-18.	3 00	Garnier.	
Idem........	Fables. (Édition Colincamp)..	1	In-12.	1 60	Delagrave.	
Idem........	*Idem.* (Édition de Guerle).....	1	*Idem.*	1 60	Delalain.	
Idem........	Fables annotées par Buffon (Ed. Jouaust)............	1	*Idem.*	3 50	Jouaust.	

NOMS DES AUTEURS.	TITRES DES OUVRAGES.	NOMBRE de volumes.	FORMAT.	PRIX FORT.	ÉDITEURS.	OBSERVATIONS.
				fr. c.		
La Fontaine..	Fables. (Édition Ruelle).....	1	In-12.	1 25	P. Dupont.	
Idem........	Fables (Édition Aubertin)....	1	In-12.	1 60	Belin.	
Lamartine....	Le Tailleur de pierres de Saint-Point..................	1	*Idem.*	1 25	Hachette.	
Idem........	*Idem*....................	1	*Idem.*	1 25	Furne.	
Idem........	Lectures pour tous.........	1	*Idem.*	3 50	Hachette.	
Idem........	Christophe Colomb..........	1	*Idem.*	1 25	Lévy.	
Idem........	Nelson....................	1	*Idem.*	1 25	*Idem.*	
Idem........	Jacquard..................	1	*Idem.*	1 25	*Idem.*	
Idem........	Morceaux choisis à l'usage des classes................	1	In-16.	2 00	Hachette.	
Lamartine (Mme de).	Explications familières de la religion.................	1	*Idem.*	1 50	Le Clère.	
Lamothe (De).	Le Cap aux ours	1	In-12.	3 00	Blériot.	
Landelle (De la).	Naufrages et sauvetages......	1	*Idem.*	3 50	Hachette.	
Laprade (De).	Pernette..................	1	*Idem.*	3 50	Didier.	
Idem........	Le livre d'un père..........	1	*Idem.*	3 00	Hetzel.	
Le Gall......	La Duchesse Anne (Histoire d'une frégate)...........	1	*Idem.*	1 15	Mame.	
Legouvé.....	Conférences parisiennes......	1	In-18.	3 00	Hetzel.	
Idem........	L'art de la lecture..........	1	In-18.	2 00	*Idem.*	E. N.
Lemerre.....	Anthologie des prosateurs français depuis le XIIe siècle jusqu'à nos jours (1874).....	1	In-12.	2 50	Lemerre.	
Idem........	Anthologie des poëtes français depuis le XVIe siècle jusqu'à nos jours (1874).........	1	*Idem.*	2 50	*Idem.*	
Lévêque.....	Les harmonies providentielles. (Bibliothèque des merveilles).	1	*Idem.*	2 25	Hachette.	
Livonnière (De)	Otto Gartner...............	1	In-18.	2 00	Blériot.	
Idem........	Deux Frères, récit breton....	1	*Idem.*	1 00	Douniol.	
Louandre....	Histoire de la littérature française par les monuments...	2	*Idem.*	3 00	P. Dupont.	
Loudun	Les Pères de l'Église........	1	*Idem.*	1 50	*Idem.*	Recommandé.
Maigrot.....	Illustrations littéraires de la France.................	1	In-8°.	7 00	Ducrocq.	E. N.
Maistre (X. de).	Œuvres choisies...........	1	In-12.	2 25	Hachette.	
Idem........	Voyage autour de ma chambre.	1	*Idem.*	3 00	Garnier.	
Idem........	*Idem*....................	1	In-18.	0 85	Barbou.	
Idem........	Le Lépreux de la cité d'Aoste.	1	*Idem.*	0 85	*Idem.*	
Idem........	Œuvres complètes (Édition Sainte-Beuve)..........	1	In-12.	3 00	*Idem.*	
Idem........	*Idem*....................	1	*Idem.*	3 50	Charpentier	
Mangin......	Rome sous Néron..........	1	In-8°.	1 25	Mame.	E. N.

NOMS DES AUTEURS.	TITRES DES OUVRAGES.	NOMBRE de volumes.	FORMAT.	PRIX FORT.	ÉDITEURS.	OBSERVATIONS.
Manzoni.	Les Fiancés (Traduction de Rey-Dusseuil).	1	In-12.	fr. c. 3 50	Charpentier	
Marcel (Mme E.)	Triomphes de femmes	1	*Idem.*	2 00	Blériot.	
Maréchal (Mlle)	Béatrix (1874).	1	*Idem.*	3 00	*Idem.*	
Idem.	L'Institutrice à Berlin.	1	In-12.	3 00	*Idem.*	
Marmier (X.).	L'Arbre de Noël.	1	*Idem.*	2 25	Hachette.	
Idem.	La Maison (1876).	1	*Idem.*	2 50	Lecoffre.	
Idem.	Robert Bruce.	1	*Idem.*	3 50	Hachette.	
Idem.	Récits américains.	1	*Idem.*	0 45	Mame.	
Masson.	Le dévouement (1874).	1	In-8°.	2 25	Hachette.	
Maury	Essai sur l'éloquence de la chaire.	1	In-18.	3 00	Garnier.	
Mayne-Reid. .	Aventures de terre et de mer. .	2	*Idem.*	7 00	Hetzel.	
Idem.	Les Chasseurs de girafes.	1	*Idem.*	3 50	*Idem.*	
Idem.	*Idem.*	1	In-12.	2 25	Hachette.	
Idem.	Le Chasseur de plantes.	1	*Idem.*	2 25	*Idem.*	
Idem.	A fond de cale	1	*Idem.*	2 25	*Idem.*	
Idem.	Les Grimpeurs de rochers. . . .	1	*Idem.*	2 25	*Idem.*	
Idem.	A la Mer.	1	*Idem.*	2 25	*Idem.*	
Idem.	Les Vacances des jeunes Boërs.	1	*Idem.*	2 25	*Idem.*	
Idem.	Les Veillées de chasse.	1	*Idem.*	2 25	*Idem.*	
Idem.	L'Habitation du désert.	1	*Idem.*	2 25	*Idem.*	
Idem.	Les Exilés dans la forêt.	1	*Idem.*	2 25	*Idem.*	
Idem.	Les chasseurs de Bisons.	1	In-8°.	1 30	Ardant.	
Menault.	L'amour maternel chez les animaux (1874).	1	*Idem.*	2 25	*Idem.*	
Mennechet. . .	Cours complets de littérature ancienne.	2	*Idem.*	7 00	Garnier.	
Idem.	Matinées littéraires.	4	In-18.	14 00	*Idem.*	E. N.
Idem.	Lectures à haute voix.	1	*Idem.*	3 50	*Idem.*	
Mérimée.	Colomba.	1	In-12.	3 50	Charpentier	E. N.
Meynal.	Morceaux choisis de littérature.	3	*Idem.*	2 25	Belin.	
Mirval (De). .	Le Robinson des sables du désert	1	*Idem.*	1 25	Ducrocq.	E. N.
Molière.	Théâtre choisi	1	In-18.	1 75	Delalain.	
Idem.	Le Misanthrope.	1	In-12.	0 40	Delagrave.	
Idem.	Œuvres.	1	In-8°.	10 00	Didot.	
Idem.	Œuvres (Édition Louandre). .	3	In-12.	10 50	Charpentier	E. N.
Idem.	Chefs-d'œuvre	2	*Idem.*	2 50	Hachette.	E. N.
Idem.	Œuvres complètes	3	*Idem.*	9 00	Garnier.	
Montaigu. . . .	Le Maire de village.	1	*Idem.*	0 30	Lefort.	E. N.
Muller.	La Boutique du marchand de nouveautés.	1	*Idem.*	1 25	Hachette.	

NOMS DES AUTEURS.	TITRES DES OUVRAGES.	NOMBRE de volumes.	FORMAT.	PRIX FORT.	ÉDITEURS.	OBSERVATIONS.
				fr. c.		
Muller......	Scènes villageoises..........	1	In-12.	2 00	Baltenweck.	
Navery (De)..	Zacharie ou le Maître d'école..	1	*Idem.*	2 00	Dillet.	
Idem........	Le marquis de Pontcallec.....	1	*Idem.*	3 00	Blériot.	
Nisard (Désiré).	Histoire de la littérature française..................	4	In-18.	16 00	Didot.	E. N.
Noël.......	Morceaux choisis de littérature.	1	In-12.	1 60	Belin.	
Olivier......	Récits de chasse et d'histoire naturelle...............	1	*Idem.*	3 50	Briddel.	
Idem........	Deux Nouvelles vaudoises (1865)...............	1	*Idem.*	2 50	*Idem.*	
Idem........	L'Hiver, récits populaires (1862)	1	*Idem.*	3 00	*Idem.*	
Pascal.......	Pensées..................	1	*Idem.*	3 00	Delagrave.	
Pelletan.....	Royan. — La naissance d'une ville..................	1	*Idem.*	2 00	Pelletan.	
Pellico (Silvio).	Mes Prisons...............	1	*Idem.*	3 00	Garnier.	
Idem........	*Idem*...................	1	*Idem.*	1 50	Ardant.	
Idem........	*Idem*...................	1	*Idem.*	3 50	Charpentier	
Idem........	*Idem*...................	1	In-18.	0 85	Barbou.	
Pernet......	Victor Blanchet............	1	In-12.	2 00	Delagrave.	
Pessonneaux..	Les grands Poëtes de la Grèce. Extraits et notices (1873)...	1	*Idem.*	3 50	Charpentier	
Poitou......	Un Hiver en Égypte........	1	In-8°.	8 00	Mame.	
Ponsard.....	L'Honneur et l'Argent.......	1	In-18.	2 00	Lévy.	
Porchat.....	Trois mois sous la neige......	1	In-12.	1 00	Delagrave.	
Idem........	Colons du rivage...........	1	*Idem.*	0 90	*Idem.*	
Idem........	Sagesse du hameau.........	1	*Idem.*	0 60	*Idem.*	
Prætor (Julius)	Souvenirs d'un déporté (1875).	1	In-32.	0 75	Fayard.	
Racine......	Théâtre (édition Louandre)...	1	In-12.	3 50	Charpentier	
Idem........	Œuvres..................	1	In-8°.	10 00	Didot.	
Idem........	Théâtre choisi.............	1	In-18.	5 00	Delagrave.	
Idem........	Chefs-d'œuvre (1862).......	2	In-12.	2 50	Hachette.	
Idem........	Théâtre complet...........	1	In-18.	3 00	Garnier.	
Raymond....	Les Marines comparées de France et d'Angleterre.....	1	In-12.	2 00	Hachette.	
Raynal......	Les Naufragés.............	1	In-8°.	10 00	*Idem.*	
Reynaud (J.)..	Œuvres choisies (1866).....	1	*Idem.*	7 00	Furne.	
Richebourg...	Contes du printemps (1873)..	3	In-12.	2 25	Plon.	
Roche.......	Les Poëtes français..........	1	In-18.	3 50	Delagrave.	
Idem........	Les Prosateurs français......	1	*Idem.*	4 00	*Idem.*	
Rondelet....	Les Mémoires d'Antoine.....	1	In-12.	1 25	Le Clère.	
Ropartz.....	Récits bretons.............	1	*Idem.*	2 00	Durand.	
Rozan.......	A travers les mots (1876)....	1	*Idem.*	3 50	Ducrocq.	

NOMS DES AUTEURS.	TITRES DES OUVRAGES.	NOMBRE de volumes.	FORMAT.	PRIX FORT.	ÉDITEURS.	OBSERVATIONS.
				fr. c.		
Rozan.......	La Jeune Fille (1876)......	1	In-12.	3 50	Ducrocq.	
Idem........	Petites ignorances de la conversation...............	1	*Idem.*	3 50	*Idem.*	
Saintine.....	Picciola..................	1	In-18.	3 50	Hachette.	
Idem........	Seul!..................	1	In-12.	3 50	*Idem.*	
Salières.....	Une poignée de héros.......	1	*Idem.*	3 00	Sagnier.	
Sandras.....	Leçons sur l'histoire de la littérature française.........	1	In-12.	2 50	Belin.	
Saucié......	Chefs-d'œuvre de Corneille (1863)...............	1	In-8°.	2 50	Mame.	
Idem........	Le Bossuet de la jeunesse.....	1	*Idem.*	2 50	*Idem.*	
Idem........	Histoire de la littérature française..................	1	*Idem.*	2 50	*Idem.*	
Sayous......	Principes de littérature. — Conseils à une mère sur l'éducation de ses enfants......	2	In-12.	6 00	Hetzel.	
Schiller.....	Œuvres..................	1	In-8°.	10 00	Didot.	E. N.
Scott (Walter).	Waverley................	1	*Idem.*	3 50	Furne.	
Idem........	Quentin Durward..........	1	*Idem.*	3 50	Furne et Garnier.	
Idem........	Charles le Téméraire........	1	*Idem.*	3 50	*Idem.*	
Idem........	Richard en Palestine........	1	*Idem.*	3 50	*Idem.*	
Idem........	La Fiancée de Lamermoor.....	1	*Idem.*	3 50	*Idem.*	
Idem........	Guy Mannering............	1	*Idem.*	3 50	*Idem.*	
Idem........	Ivanhoé..................	1	*Idem.*	3 50	*Idem.*	
Idem........	Quentin Durward..........	1	In-18.	2 00	Rigaud.	
Idem........	Waverley................	1	In-8°.	2 50	Barbou.	
Smiles......	Self Help................	1	In-12.	4 00	Plon.	
Idem........	Vie de Stephenson..........	1	*Idem.*	4 00	*Idem.*	
Schmid......	Le bon Fridolin et le méchant Thierry................	1	In-8°.	1 00	Ardant.	
Souvestre....	Au coin du feu............	1	In-18.	1 25	Lévy.	
Idem........	Un Philosophe sous les toits..	1	*Idem.*	1 25	*Idem.*	
Idem........	Mémorial de famille........	1	*Idem.*	1 25	*Idem.*	
Idem........	Confessions d'un ouvrier.....	1	*Idem.*	1 25	*Idem.*	
Idem........	Les Soirées de Meudon......	1	*Idem.*	1 25	*Idem.*	
Idem........	La Dernière étape..........	1	*Idem.*	1 25	*Idem.*	
Staaff.......	Littérature française. — Lectures choisies. — Tome Ier..	1	In-8°.	7 50	Delagrave.	
	Tome II................	1	*Idem.*	8 50	*Idem.*	
	Tome III, 1re partie......	1	*Idem.*	4 00	*Idem.*	
	Tome III, 2e partie.......	1	*Idem.*	5 00	*Idem.*	
Stahl.......	Les Histoires de mon parrain..	1	In-18.	3 00	Hetzel.	

NOMS DES AUTEURS.	TITRES DES OUVRAGES.	NOMBRE de volumes.	FORMAT.	PRIX FORT.	ÉDITEURS.	OBSERVATIONS.
				fr. c.		
Stahl	Histoire d'une famille hollandaise et d'une bande d'écoliers	1	In-18.	3 00	*Idem.*	
Stanley	Comment j'ai retrouvé Livingstone. — Abrégé (1876)	1	In-12.	1 25	Hachette.	
Stowe (Mme B.)	La Case de l'oncle Tom	1	*Idem.*	1 25	*Idem.*	
Swift	Voyages de Gulliver (édition abrégée)	1	*Idem.*	2 25	*Idem.*	
Tasse (Le)	Jérusalem délivrée (édition Desplaces)	1	*Idem.*	3 50	Charpentier	E. N.
Tastu (Mme)	Récits du maître d'école	1	*Idem.*	2 50	Didier.	
Théry	Histoire élémentaire de la littérature française	1	In-12.	1 50	P. Dupont.	E. N.
Idem	Nouveau choix des meilleurs prosateurs français du second ordre	2	*Idem.*	3 00	Delagrave.	
Idem	Cent fables nouvelles	1	In-18.	1 00	Baltenweck.	
Toppfer	Rosa et Gertrude	1	In-12.	3 50	Hachette.	
Idem	Le Presbytère	1	*Idem.*	3 50	*Idem.*	
Idem	Nouvelles genevoises	1	*Idem.*	3 50	*Idem.*	
Idem	*Idem*	1	In-8°.	12 50	Garnier.	
Vallery-Radot	Journal d'un volontaire d'un an (1874)	1	In-12.	3 00	Hetzel.	
Verne (Jules)	Cinq semaines en ballon	1	*Idem.*	3 00	*Idem.*	
Idem	Aventures du capitaine Hatteras.	2	*Idem.*	6 00	*Idem.*	
Idem	Les Enfants du capitaine Grant.	3	*Idem.*	9 00	*Idem.*	
Idem	Vingt mille lieues sous les mers	2	*Idem.*	6 00	*Idem.*	
Idem	Le Pays des fourrures	2	*Idem.*	6 00	*Idem.*	
Idem	Le Tour du Monde en 80 jours.	1	*Idem.*	3 00	*Idem.*	
Idem	Le Chancellor	1	In-8°.	4 00	*Idem.*	
Idem	*Idem*	1	In-12.	3 00	*Idem.*	
Idem	Le Docteur Ox	1	In-8°.	4 00	*Idem.*	
Idem	*Idem*	1	In-12.	3 00	*Idem.*	
Idem	Les Naufragés de l'air	1	*Idem.*	3 00	*Idem.*	
Idem	L'Ile mystérieuse	1	*Idem.*	3 00	*Idem.*	E. N.
Idem	Le Secret de l'île	1	*Idem.*	3 00	*Idem.*	
Idem	Michel Strogoff	2	In-18.	6 00	*Idem.*	
Villemain	Tableau de l'éloquence chrétienne	1	In-12.	3 50	Didier.	
Villemarqué (De).	Légendes celtiques	1	*Idem.*	2 00	Durand.	
Vimont	Histoire d'un navire (1858)	1	*Idem.*	2 25	Hachette.	
Waddeville (Mme de).	Les Usages de la vie et la Morale des usages	1	*Idem.*	3 50	Hennuyer.	

NOMS DES AUTEURS.	TITRES DES OUVRAGES.	NOMBRE de volumes.	FORMAT.	PRIX FORT.	ÉDITEURS.	OBSERVATIONS.
				fr. c.		
Wetherel (Mme)	Le Monde, le vaste monde....	1	In-12.	4 00	Meyrueis.	
Wisemann...	Fabiola..................	1	In-18.	2 00	Barbou.	
Witt (Mme de).	Le Cercle de famille........	1	In-12.	3 00	Didier.	
Idem........	Légendes et récits pour la jeunesse (1876)...........	1	In-8°.	5 00	Hachette.	
Wyss.......	La Famille naufragée.......	1	*Idem.*	1 30	Ardant.	
Idem........	Le Robinson suisse.........	1	In-12.	2 50	Ducrocq.	
Idem........	*Idem*....................	1	In-8°.	10 00	Garnier.	
Idem........	*Idem* (trad. Muller et Stahl)..	1	In-12.	3 00	Hetzel.	
Idem........	*Idem*....................	1	In-8°.	1 90	Ardant.	
Idem........	La famille naufragée........	1	*Idem.*	1 30	*Idem.*	
Divers......	Journal de la jeunesse (1875-1877). Chaque semestre...	1	*Idem.*	10 00	Hachette.	
Idem........	Trésor littéraire de la France (1866)................	1	*Idem.*	20 00	*Idem.*	
Idem........	*Idem* (sans gravures)........	1	*Idem.*	15 00	*Idem.*	

Série G. — Ouvrages destinés plus particulièrement aux enfants.

NOMS DES AUTEURS.	TITRES DES OUVRAGES.	NOMBRE de volumes.	FORMAT.	PRIX FORT.	ÉDITEURS.	OBSERVATIONS.
Achard (A.)..	Histoire de mes amis........	1	In-12.	2 25	Hachette.	
Arnoul......	Au village (1875)..........	1	*Idem.*	1 25	Boyer.	
Bailleul......	Les Chasseurs d'ivoire (1876).	1	In-8°.	10 00	Lefèvre.	
Idem........	Mocandah................	1	*Idem.*	6 00	*Idem.*	
Bréhat (A. de).	Aventures d'un petit Parisien..	1	*Idem.*	3 00	Hetzel.	
Bremer......	Les Voisins..............	1	In-16.	3 50	Du Puget.	
Broglie (Mme de).	Les Vertus chrétiennes (1862).	2	In-12.	6 00	Didier.	
Bruno......	Francinet. — Principes généraux de morale, d'agriculture et d'industrie...........	1	*Idem.*	1 50	Belin.	
Caillard (Mme).	Robert l'apprenti (1873)....	1	In-18.	0 80	Delagrave.	
Carraud (Mme).	Contes et Historiettes........	1	In-12.	1 10	Hachette.	
Idem........	La petite Jeanne ou le devoir..	1	*Idem.*	1 10	*Idem.*	
Idem........	Maurice ou le travail........	1	*Idem.*	1 10	*Idem.*	
Charton.....	Lectures de famille.........	1	In-8°.	5 00	Mag. pitt.	
Chasles......	Livre de lectures...........	2	In-12.	3 25	Delagrave.	
Cherville (De).	Histoire d'un trop bon chien..	1	In-18.	3 00	Hetzel.	
Cuir........	Les petits Écoliers (avec grav.).	1	*Idem.*	0 30	Hachette.	
Delafaye-Brebier (Mme).	Les petits Béarnais.........	2	In-12.	5 00	Didier.	
Desbordes-Valmore (Mme).	Poésies de l'enfance.........	1	*Idem.*	5 00	Garnier.	

NOMS DES AUTEURS.	TITRES DES OUVRAGES.	NOMBRE de volumes.	FORMAT.	PRIX FORT.	ÉDITEURS.	OBSERVATIONS.
				fr. c.		
Desbordes-Valmore (Mme).	Contes et scènes de la vie de famille	2	In-12.	6 00	Garnier.	
Dupuis (Eud.).	Toinette et Louison (1875)	1	In-18.	0 60	Delagrave.	
Idem	Daniel Hureau (1877)	1	In-12.	1 50	*Idem.*	
Idem	Cyprienne et Cyprien	1	*Idem.*	1 50	*Idem.*	
Idem	La famille de la meunière	1	*Idem.*	0 75	*Idem.*	
Durand	Lectures choisies (1876)	1	*Idem.*	1 50	Hachette.	
Edgeworth (Miss).	Contes de l'enfance	1	*Idem.*	2 25	*Idem.*	
Idem	Contes de l'adolescence	1	*Idem.*	2 25	*Idem.*	
Idem	Les Jeunes industriels	8	*Idem.*	12 00	Renouard.	
Farine	Jocrisse soldat	1	*Idem.*	2 00	Ducrocq.	
Fénelon	Fables	1	In-12.	0 60	Delagrave.	
Fleuriot (Mlle).	Plus tard	1	*Idem.*	2 25	Hachette.	
Florian	Fables	1	*Idem.*	0 75	Delalain.	
Idem	Choix de fables (notes de Rogier)	1	*Idem.*	0 60	Belin.	
Idem	Fables	1	In-8°.	3 00	Garnier.	
Idem	*Idem* (illustrées par Grandville).	1	*Idem.*	10 00	*Idem.*	
Foë	Robinson Crusoé. (Illustré)	1	In-12.	5 00	Didot.	
Idem	Robinson Crusoé	2	In-8°.	2 50	Ducrocq.	
Idem	*Idem*	1	*Idem.*	1 90	Ardant.	
Idem	*Idem*	1	In-12.	10 00	Garnier.	
Idem	*Idem*	1	*Idem.*	3 00	*Idem.*	
Idem	*Idem*	1	*Idem.*	2 25	Hachette.	
Galland	Les Mille et une Nuits. (Abrégé.)	2	*Idem.*	2 50	Ducrocq.	
Gavet	Cent récits moraux	1	In-8°.	1 60	Fouraut.	
Girardin	Les Braves gens	1	*Idem.*	5 00	Hachette.	
Idem	Nous autres	1	In-12.	5 00	*Idem.*	
Gouraud (Mlle).	Les quatre pièces d'or	1	*Idem.*	2 25	*Idem.*	
Idem	L'Enfant du guide	1	*Idem.*	2 25	*Idem.*	
Idem	Les Enfants de la ferme	1	*Idem.*	2 25	*Idem.*	
Graffigny (De).	Le Prix de Boston	1	*Idem.*	0 30	Mollie.	
Guizot (Mme).	L'Écolier	2	*Idem.*	5 00	Didier.	
Guizot de Witt (Mme).	Une Famille à la campagne	1	*Idem.*	3 00	*Idem.*	
Guyau	Première année de lecture courante	1	*Idem.*	1 50	Colin.	
Henrion	Le Monde des jeunes filles (1877)	1	*Idem.*	1 25	Belin.	
Houet (E.)	Pierre Dumont. — Livre de lecture courante à l'usage des classes et des familles (1873).	1	*Idem.*	1 50	Delagrave.	
Hugo (Victor).	Le Livre des enfants	1	*Idem.*	3 00	Hetzel.	

NOMS DES AUTEURS.	TITRES DES OUVRAGES.	NOMBRE de volumes.	FORMAT.	PRIX FORT.	ÉDITEURS.	OBSERVATIONS.
				fr. c.		
Humbert....	Jean le dénicheur..........	1	In-18.	0 50	Hachette.	
Jeannel......	Petit-Jean..............	1	In-12.	1 50	Delagrave.	
Jussieu (L. de).	Le Village de Valdoré.......	1	In-18.	0 60	Colas.	
Idem........	Fables et Contes en vers.....	1	*Idem.*	1 25	*Idem.*	
Idem........	Histoire de Cloud-Grandgambe.	1	In-12.	1 25	*Idem.*	
Idem........	Contes et Historiettes du bon génie...............	1	*Idem.*	1 75	*Idem.*	
Idem........	Écrits populaires de Franklin.	1	In-18.	0 40	*Idem.*	
Idem........	Antoine et Maurice.........	1	In-12.	1 25	*Idem.*	
Idem........	Simon de Nantua..........	1	In-12.	1 25	Colas.	
Idem........	Histoires et Causeries morales.	1	*Idem.*	3 00	Delagrave.	
Krafft-Bucaille (Mme).	Le Secret d'un dévouement...	1	*Idem.*	3 00	Didier.	
La Bonnefon (De).	Pierre Valdey............	1	*Idem.*	1 50	Delagrave.	
Laboulaye....	Contes bleus.............	1	*Idem.*	3 50	Charpentier.	
Idem........	Abdallah ou le Trèfle à quatre feuilles...............	1	*Idem.*	3 50	*Idem.*	
Idem........	Contes et Nouvelles.........	1	In-12.	2 00	Ducrocq.	
Idem........	Contes bleus illustrés.......	1	In-8°.	10 00	Furne.	
Idem........	Nouveaux contes bleus (illust.).	1	*Idem.*	10 00	*Idem.*	
Lafayette (De).	La Prime d'honneur........	1	In-12.	1 25	Hachette.	
Idem........	Petit-Pierre ou le Bon Cultivateur.................	1	*Idem.*	1 10	*Idem.*	
Idem........	Le Poëme des champs.......	1	*Idem.*	3 50	*Idem.*	
La Fontaine..	Fables. (Édition illustrée par Grandville.)............	1	*Idem.*	4 50	Mame.	
Idem........	Fables annotées par Buffon (Ed. Jouaust)...........	1	*Idem.*	3 50	Hetzel.	
Idem........	Fables. (Édition Ruelle.)....	1	In-18.	1 25	P. Dupont.	
Lagrange (abbé).	Jésus révélé à l'enfance (1851).	1	In-12.	3 00	Gaume.	
Lamartine (Mme de).	Explications familières de la religion................	1	*Idem.*	1 60	Le Clère.	
Lasalle (Mme de)	Reviens, enfance bénie, reviens! (Brochure)............	1	In-18.	0 15	Mollie.	
Idem........	Les larmes d'une mère (1873).	1	In-12.	0 15	*Idem.*	
Lebrun......	Le livre des lectures courantes.	4	In-18.	4 40	Hachette.	
Mallès de Baulieu.	Robinson de douze ans......	1	*Idem.*	1 25	Ducrocq.	
Marcel (Mme J.)	Les petits vagabonds........	1	In-12.	2 25	Hachette.	
Idem........	Le bon frère..............	1	*Idem.*	2 25	*Idem.*	
Idem........	L'école buissonnière........	1	*Idem.*	2 25	*Idem.*	

NOMS DES AUTEURS.	TITRES DES OUVRAGES.	NOMBRE de volumes.	FORMAT.	PRIX FORT.	ÉDITEURS.	OBSERVATIONS.
				fr. c.		
Maréchal (Mlle)	La Dette de Ben-Aïssa	1	In-12.	2 25	Hachette.	
Marmier	Les Âmes en peine	1	*Idem.*	4 00	Garnier.	
Idem	Le Perce-Neige	1	In-18.	3 50	*Idem.*	
Idem	L'Arbre de Noël	1	In-12.	2 25	Hachette.	
Martin	Le Père aux bêtes	1	*Idem.*	0 60	Libr. centr.	
Mayne-Reid	Les deux Filles du squatter	1	In-18.	3 00	Hetzel.	
Mirval (De)	Le Robinson des sables du désert	1	In-12.	1 25	Le Clère.	
Nyon	Aventures de Claude La Ramée.	1	*Idem.*	2 00	Ducrocq.	
O'Kennedy (Mlle).	Une heure instructive et amusante (1876)	1	*Idem.*	1 50	Mame.	
Idem	Souvenirs de la glaneuse (1876).	1	*Idem.*	1 50	*Idem.*	
Pape-Carpantier (Mme).	Histoires et Leçons de choses.	1	*Idem.*	2 25	Hachette.	
Perrault	Contes de fées	1	*Idem.*	0 75	Ardant.	
Idem	*Idem*	1	*Idem.*	2 25	Hachette.	
Idem	*Idem*	1	*Idem.*	3 50	Garnier.	
Pichard (Mlle).	Madame Adeline. — Récits d'une institutrice	1	*Idem.*	0 80	Belin.	
Pinet et Drojowska (Mmes)	Les Vertus du peuple	1	*Idem.*	1 25	Ducrocq.	
Pitolet (Mme).	Le Bonheur retrouvé	1	*Idem.*	1 25	Delagrave.	
Porchat	Trois mois sous la neige	1	*Idem.*	1 00	*Idem.*	
Idem	Colons du rivage	1	*Idem.*	0 90	*Idem.*	
Idem	Sagesse du hameau	1	*Idem.*	0 60	*Idem.*	
Rousselot	Leçons de choses et lectures	1	*Idem.*	1 25	*Idem.*	
Schmid	Contes pour les enfants	2	*Idem.*	12 00	Ducrocq.	
Idem	Cent quatre-vingt-dix contes pour les enfants	1	*Idem.*	2 25	Hachette.	
Idem	Contes du chanoine Schmid	4	*Idem.*	12 00	Garnier.	
Idem	*Idem*	2	In-8°.	20 00	*Idem.*	
Idem	Œuvres choisies	4	In-12.	4 40	Mame.	
Idem	Cent petits contes	1	*Idem.*	0 40	*Idem.*	
Idem	Contes du chanoine Schmid (illustrés), 1re série	1	In-8°.	6 00	Ducrocq.	
Idem	*Idem*, 2e série	1	*Idem.*	6 00	*Idem.*	
Ségur (Mme de)	Évangile d'une grand'mère	1	*Idem.*	1 50	Hachette.	
Idem	La sœur de Gribouille	1	*Idem.*	2 25	*Idem.*	
Idem	L'auberge de l'ange gardien	1	*Idem.*	2 25	*Idem.*	
Idem	Le général Dourakine	1	*Idem.*	2 25	*Idem.*	
Idem	Mémoires d'un âne	1	*Idem.*	2 25	*Idem.*	
Idem	Pauvre Blaise	1	*Idem.*	2 25	*Idem.*	
Soulice	Premières connaissances	1	In-18.	0 30	*Idem.*	

NOMS DES AUTEURS.	TITRES DES OUVRAGES.	NOMBRE de volumes.	FORMAT.	PRIX FORT.	ÉDITEURS.	OBSERVATIONS.
				fr. c.		
Tastu (Mme). .	Récits du maître d'école	1	*Idem.*	2 50	Didier.	
Théry	Simples lectures pour les écoles.	1	In-12.	1 50	P. Dupont.	
Ulliac-Trémadeure (Mlle).	Le petit Bossu	1	*Idem.*	1 00	Colas.	
Idem.	Claude ou le Gagne-Petit (1874).	1	*Idem.*	2 00	Didier.	
Vimont	Histoire d'un navire	1	*Idem.*	2 25	Hachette.	
Witt (Mme de).	Enfants et Parents.	1	In-12.	2 25	Hachette.	
Idem.	Le Cercle de famille (1873). . .	1	*Idem.*	3 00	Didier.	
Idem.	Recueil de poésies pour les jeunes filles.	1	*Idem.*	2 00	Hachette.	
Idem.	Une Sœur.	1	In-8°.	5 00	*Idem.*	
Wyss	Le Robinson suisse.	1	*Idem.*	2 50	Ducrocq.	
Idem.	Le Robinson suisse (illustré). .	1	*Idem.*	6 00	*Idem.*	
Idem.	Le Robinson suisse.	1	*Idem.*	10 00	Garnier.	
Idem.	*Idem.* (Trad. Muller et Stahl.).	1	In-12.	3 00	Hetzel.	
Idem.	*Idem*	1	In-8°.	1 90	Ardant.	
Anonyme	Les Bienfaiteurs de l'humanité.	1	*Idem.*	2 00	Ducrocq.	

Série H. — Économie politique. — Législation usuelle et connaissances utiles.

NOMS DES AUTEURS.	TITRES DES OUVRAGES.	NOMBRE de volumes.	FORMAT.	PRIX FORT.	ÉDITEURS.	OBSERVATIONS.
About.	A B C du travailleur.	1	In-12.	3 50	Hachette.	
Argy (D'). . . .	Instruction pratique sur la natation.	1	In-18.	0 60	Dumaine.	
Audiganne . . .	Les Ouvriers en famille (1858)	1	*Idem.*	1 25	Capelle.	
Idem.	Les Populations ouvrières (1860)	2	In-8°.	15 00	Audiganne.	E. N.
Idem.	Les Ouvriers d'à présent	1	*Idem.*	6 00	Lacroix.	
Bagge	Tables statistiques des divers pays de l'univers.	1	In-12.	2 00	Hachette.	
Barr	Le Trésor de la maison	1	*Idem.*	0 50	Mame.	
Bastiat (Fréd.).	Œuvres choisies. 1er volume. — Harmonies économiques. . .	1	In-18.	3 80	Guillaumin.	Recommandé.
Batbie (A.). . .	Le Crédit populaire.	1	In-12.	5 00	Cotillon.	
Baudrillart. . .	Manuel d'économie politique .	1	In-18.	4 00	Guillaumin.	
Idem.	Économie politique populaire.	1	*Idem.*	3 50	Hachette.	
Idem.	Luxe et Travail.	1	*Idem.*	0 25	*Idem.*	
Idem.	Le Crédit populaire.	1	*Idem.*	0 25	*Idem.*	
Idem.	Les bibliothèques populaires. .	1	In-18.	0 25	Hachette.	
Idem.	Des habitudes d'intempérance.	1	*Idem.*	0 25	*Idem.*	
Beaupré (de).	Législation protectrice des animaux (1874).	1	*Idem.*	0 75	Rothschild.	
Blanche (Armand).	Actes de l'état civil et administration communale.	1	In-8°.	5 00	P. Dupont.	

NOMS DES AUTEURS.	TITRES DES OUVRAGES.	NOMBRE de volumes.	FORMAT.	PRIX FORT.	ÉDITEURS.	OBSERVATIONS.
				fr. c.		
Blanqui	Classes ouvrières..........	2	In-18.	1 60	Didot.	
Block (M.)...	Petit Manuel d'économie pratique................	1	*Idem.*	1 00	Hetzel.	Recommandé.
Blondel	Coup d'œil sur les devoirs et l'esprit militaires (1875) ..	1	In-12.	0 75	Dumaine.	
Bonne	Conseils aux parents qui font à leurs enfants le partage de leurs biens............	1	*Idem.*	0 50	Delagrave.	
Idem........	Étude sur le morcellement de la propriété	1	*Idem.*	1 00	*Idem.*	
Idem........	Conseils aux vendeurs et aux acquéreurs d'immeubles...	1	*Idem.*	0 40	*Idem.*	
Idem........	Cours élémentaire d'économie sociale et industrielle.....	1	In-8°.	1 00	*Idem.*	
Idem........	Abrégé du même..........	1	In-32.	0 25	*Idem.*	
Idem........	Explication de la loi du 27 juillet 1872, sur le recrutement de l'armée	1	In-12.	0 90	*Idem.*	
Idem........	Notions élémentaires sur l'organisation administrative de la France (1876)..........	1	*Idem.*	1 00	*Idem.*	
Bourguignon .	Éléments généraux de législation française (1873).....	1	In-32.	6 00	Garnier.	
Bourotte (Mlle)	La protection envers les animaux. — Bêtes et Gens...	1	In-8°.	1 50	Ardant.	
Cadet (Ern.)..	Dictionnaire de législation usuelle...............	1	In-12.	5 50	Belin.	Recommandé.
Carraud (Mme).	Les Veillées de maître Patrigeon.................	1	*Idem.*	1 25	Hachette.	
Carré.......	Nos petits procès..........	1	*Idem.*	3 50	Hennuyer.	Recommandé.
Charpentier ..	Catéchisme du soldat........	1	In-18.	2 00	Bachelin de Florenne.	
Cherbuliez ...	Simples notions de l'ordre social.	1	In-12.	1 00	Guillaumin.	
Cousin......	Justice, Charité..........	1	*Idem.*	0 80	Didot.	
Cucuat (Ad.)..	Conseils à la classe laborieuse sur l'abolition des grèves. — L'Épargne et l'Association.................	1	In-18.	1 50	Dentu.	
Dameth	Introduction à l'étude de l'économie politique	1	In-8°.	6 00	Guillaumin.	
Debais......	Manuel du déposant à la caisse d'assurances en cas d'accidents résultant de travaux agricoles et industriels	1	*Idem.*	0 30	Gauthier-Villars.	
Idem........	Manuel du déposant à la caisse d'assurances en cas de décès.	1	*Idem.*	0 40	*Idem.*	

NOMS DES AUTEURS.	TITRES DES OUVRAGES.	NOMBRE de volumes.	FORMAT.	PRIX PORT.	ÉDITEURS.	OBSERVATIONS.
Delignières et Lambert.	Veillées d'un ancien répartiteur de campagne	1	In-18.	fr. c. 2 00	Delignières.	
Delignières.	Petit Code rural des contributions indirectes	1	In-12.	1 50	Sagnier.	
Depping	Merveilles de la force et de l'adresse	1	*Idem.*	2 25	Hachette.	
Desmarests.	Commentaire sur le décret-loi sur les sociétés de secours mutuels	1	In-18.	1 50	P. Dupont.	
Drohojowska (comtesse).	Mère et Fille, ou la protection des animaux dans la famille.	1	In-12.	1 50	Sarlit.	
Dupont (Paul)	Dictionnaire des formules ou mairie pratique	2	*Idem.*	20 00	P. Dupont.	
Idem	Dictionnaire municipal	2	*Idem.*	11 00	*Idem.*	
Durand	Des Sociétés de secours mutuels rurales	1	In-12.	0 50	*Idem.*	
Durand de Nancy.	Nouveau Guide pratique des maires	1	*Idem.*	6 00	Garnier.	
Étang (De l')	L'Épargne ou Puissance des gros sous	1	In-8°.	1 25	Librairie internationale	
Idem	Simples notions d'économie sociale (1867)	1	In-12.	1 50	Société des livres utiles.	
Faure (Le)	Les lois militaires de la France. — Commentaires	1	In-8°.	3 00	Dumaine.	
Franck	La vraie et la fausse égalité	1	In-18.	0 25	Hachette.	
Franklin	Essais de morale et d'économie politique	1	In-12.	1 25	*Idem.*	
Idem	Mélanges de morale et d'économie politique	1	*Idem.*	3 50	Renouard.	
Garnier	Traité d'économie politique	1	In-12.	7 50	Garnier.	E. N. et villes.
Idem	Premières Notions d'économie politique	1	In-18.	2 00	Guillaumin.	
Idem	Richard Cobden	1	*Idem.*	1 00	*Idem.*	
Giraud	Éléments de droit municipal (1869)	1	In-12.	3 00	Durand.	
Glasson	Éléments de droit français (1875).	2	*Idem.*	8 00	Pedone-Lauriel.	E. N.
Grün	Cours de législation usuelle	1	*Idem.*	3 50	Hachette.	
Hallez d'Arros.	Manuel juridique et administratif du propriétaire rural (1873).	1	In-12.	2 00	Berger-Levrault.	
Hippeau (Mme)	Cours d'économie domestique.	1	*Idem.*	3 00	Hetzel.	
Homberg	Conférences sur les connaissances les plus utiles aux habitants de la campagne, 1875.	1	*Idem.*	1 50	Douniol.	
Huré	Les Conférences du foyer	1	In-8°.	1 00	Ardant.	

NOMS DES AUTEURS.	TITRES DES OUVRAGES.	NOMBRE de volumes.	FORMAT.	PRIX FORT.	ÉDITEURS.	OBSERVATIONS.
				fr. c.		
Jarry de Bouffémont.	Manuel de gymnastique éclectique	1	In-8°.	16 00	Dumaine.	E. N. et villes.
Idem	Catéchisme gymnastique (1876)	1	*Idem.*	1 50	Chez l'aut^r, à Épinal.	
Jourdain	Moyens pratiques de propager la mutualité dans les campagnes	1	*Idem.*	1 50	P. Dupont.	
Jourdan	Le droit français	1	*Idem.*	8 00	Plon.	
Laisné	Traité élémentaire de gymnastique classique	1	In-12.	3 50	Hachette.	
Lamoulière (De).	Cours élémentaire de droit pénal.	1	In-18.	0 75	De Lamoulière.	
Lavergne	Économie rurale de la France.	1	*Idem.*	3 50	Guillaumin.	
Lenoël	Traité de gymnastique	1	In-8°.	4 00	Durand.	
Lescaret	Entretiens au village sur l'économie sociale (1873)	1	In-12.	0 50	Bellaire.	Recommandé.
Levasseur	Cours d'économie rurale (4e année)	1	*Idem.*	3 00	Hachette.	
Idem	Du rôle de l'intelligence dans la production	1	In-18.	0 25	*Idem.*	
Idem	La prévoyance et l'épargne	1	*Idem.*	0 25	*Idem.*	
Idem	L'Assurance	1	*Idem.*	0 25	*Idem.*	
Leymarie	Tout par le travail	1	*Idem.*	3 00	Guillaumin.	E. N.
Marbeau	Études sur l'économie sociale (1874)	1	In-12.	3 50	Jouaust.	
Maret	L'épargne journalière pour garantir la vieillesse (1877)	1	In-8°.	1 50	Guillaumin.	Recommandé.
Maurice	Guide pour l'application de la loi sur le travail des enfants dans les manufactures	1	In-18.	1 00	Hachette.	
Mercier	Morale et économie politique	1	*Idem.*	2 50	Douniol.	E. N.
Michaux	Étude sur la question des peines	1	In-8°.	5 00	Challamel.	
Millet	A B C des contributions directes	1	In-12.	1 25	Chenu, à Orléans.	
Moureau	Le salaire et les associations coopératives	1	In-18.	2 00	Guillaumin.	
Noël (Octave).	Autour du foyer	1	In-12.	3 50	Charpentier	
Passy	Inégalité des richesses	1	In-18.	0 80	Didot.	
Idem	L'histoire du travail	1	In-32.	0 25	Belloire.	
Idem	L'industrie humaine	1	In-18.	0 25	Hachette.	
Idem	Principes de la population	1	*Idem.*	0 25	*Idem.*	
Perdonnet	Utilité de l'instruction	1	*Idem.*	0 25	*Idem.*	
Périssat	Petites leçons de droit à l'usage de l'enseignement primaire (1862)	1	*Idem.*	1 00	Cotillon.	

NOMS DES AUTEURS.	TITRES DES OUVRAGES.	NOMBRE de volumes.	FORMAT.	PRIX FORT.	ÉDITEURS.	OBSERVATIONS.
				fr. c.		
Périssat	Entretiens familiers sur l'économie politique (1862)	1	In-18.	2 00	Cotillon.	
Picard (Eug.)	Dangers de l'abus des boissons alcooliques (1874)	1	In-12.	0 60	Donnaud.	
Picot	Nouveau Manuel pratique du Code de commerce expliqué.	1	*Idem.*	6 00	Picot.	
Idem	Manuel pratique du Code Napoléon	1	*Idem.*	5 00	*Idem.*	
Pinet et Brouard.	Prêts de l'enfance au travail	1	In-18.	0 50	Delagrave	E. N.
Plasman (de).	Dieu et l'ouvrier	1	In-32.	1 50	Douniol.	E. N.
Plazanet (de).	Manuel du sapeur-pompier	1	*Idem.*	1 50	Dumaine.	
Portalis (de).	L'homme et la société (1re partie)	1	*Idem.*	0 80	Didot.	
Putois	Petites Lectures sur la loi	1	*Idem.*	0 50	P. Dupont.	E. N.
Rapet	Manuel populaire de morale et d'économie politique	1	In-18.	3 50	Guillaumin.	
Riant	Le travail et la santé	1	*Idem.*	0 25	Hachette.	
Rivier	Entretiens d'un fabricant avec ses ouvriers sur l'économie politique	1	*Idem.*	3 00	Guillaumin.	
Roulliet (A.)	Associations coopératives de consommation (1876)	1	In-12.	2 00	P. Dupont.	E. N.
Rousselot	Le petit livre de l'homme et du citoyen (1873)	1	*Idem.*	0 60	Delagrave.	
Siegfried	La Misère	1	In-8°.	1 75	Germer-Baillière.	
Stenfort	Conditions des baux ruraux	1	In-12.	1 25	Savy.	
Taillandier	Guide du déposant aux caisses d'assurances	1	In-18.	0 50	P. Dupont.	
Templar	Simples notions d'économie sociale.	1	In-12.	1 25	Société des livres utiles.	
Thiers	De la propriété	2	*Idem.*	1 60	Didot.	
Idem	*Idem*	1	*Idem.*	2 00	Furne.	
Thévenin	Cours d'économie industrielle (3e série, t. I à III)	3	*Idem.*	3 75	Hachette.	
Torremilia	Entretiens d'un vieux basochien et d'un cultivateur sur l'enregistrement et le timbre	1	*Idem.*	»	Pougin.	
Toulza (De)	De l'administration des communes en France	1	*Idem.*	3 50	Durand.	
Vasseur	Le moyen infaillible de gagner de l'argent et d'en amasser.	1	In-18.	1 00	Vasseur.	
Vergnes	Manuel de gymnastique	1	In-12.	2 25	Hachette.	
Véron	Les Institutions ouvrières de Mulhouse	1	In-8°.	7 50	*Idem.*	

NOMS DES AUTEURS.	TITRES DES OUVRAGES.	NOMBRE de volumes.	FORMAT.	PRIX FORT.	ÉDITEURS.	OBSERVATIONS.
				fr. c.		
Viel	La loi sur la chasse	1	In-18.	0 60	P. Dupont.	
Viel-Lamare	Leçons de législation usuelle	1	In-8°.	2 50	Dejay.	
Villatte (A. de La).	Droits et devoirs du soldat	1	*Idem.*	1 00	Jacob.	
Waddington	Erreurs des préjugés populaires	1	*Idem.*	0 25	Hachette.	
Wolowski	Notions générales d'économie politique	1	*Idem.*	0 25	*Idem.*	
Idem	La Monnaie	1	*Idem.*	0 25	*Idem.*	
Worms	Quelques considérations sur le mariage	1	*Idem.*	0 25	*Idem.*	
	Série I. — Sciences physiques et naturelles.					
Abria	Voyage de la lumière à travers les cristaux	1	In-18.	0 25	Hachette.	
Achard (A.)	Histoire de mes amis	1	In-12.	2 25	*Idem.*	
Amiot	Cours de cosmographie	1	In-18.	4 00	Delalain.	E. N.
André et Rayet.	L'astronomie pratique et les observatoires en Europe et en Amérique	2	In-12.	9 00	Gauthier-Villars.	
Anonyme	Instruction sur les paratonnerres	1	*Idem.*	2 50	*Idem.*	E. N.
Aublin	Tableau synoptique des monnaies et des poinçons de garantie (1868)	1	In-f°.	3 50	Aublin.	
Babinet	Études et lectures sur les sciences d'observation	8	In-12.	20 00	Gauthier-Villars.	
Baille	L'Électricité. (Bibliothèque des merveilles)	1	*Idem.*	2 25	Hachette.	
Barreswill et Aimé Girard.	Dictionnaire de chimie industrielle	5	In-8°.	25 00	Delagrave.	E. N.
Barreswill et Davanne.	Chimie photographique	1	*Idem.*	8 50	Gauthier-Villars.	
Beaupré (De).	Le meilleur de nos serviteurs. — Le cheval	1	In-12.	1 50	Ghio.	E. N.
Benoist	Le système métrique français (1861)	1	In-18.	0 50	P. Dupont.	
Idem	Les Grands Phénomènes de la nature	1	*Idem.*	1 00	Brunet.	
Bérard	La Chaux	1	*Idem.*	0 25	Hachette.	
Bert	La Machine humaine	2	*Idem.*	0 50	*Idem.*	
Berthoud	Contes du docteur Sam	1	In-8°.	10 00	Garnier.	
Idem	Fantaisies scientifiques (1865).	4	In-12.	14 00	*Idem.*	E. N.

NOMS DES AUTEURS.	TITRES DES OUVRAGES.	NOMBRE de volumes.	FORMAT.	PRIX FORT.	ÉDITEURS.	OBSERVATIONS.
				fr. c.		
Berthoud....	Petites Chroniques de la science (1862-1872)...........	11	In-18.	38 50	Garnier.	E. N.
Idem........	L'Homme depuis 5,000 ans (1866)...............	1	In-8°.	10 00	*Idem.*	
Idem........	Les Os d'un géant..........	1	*Idem.*	3 50	P. Dupont.	
Idem........	La Botanique au village......	1	In-18.	1 50	*Idem.*	
Idem........	Lectures des soirées d'hiver...	1	*Idem.*	1 50	*Idem.*	
Bertrand	Lettres sur les révolutions du globe..................	1	*Idem.*	3 50	Hetzel.	
Idem........	L'Académie des sciences et les Académiciens de 1666 à 1793.	1	In-8°.	7 50	*Idem.*	
Beudant.....	Minéralogie et Géologie.....	1	In-18.	6 00	Garnier.	
Boillot (A.)...	L'Astronomie vulgarisée.....	1	*Idem.*	0 60	P. Dupont.	E. N.
Idem........	Astronomie au XIXe siècle (1864).	1	In-12.	3 50	Didier.	
Idem........	Éléments de météorologie....	1	*Idem.*	0 60	P. Dupont.	
Idem........	Traité élémentaire d'astronomie....................	1	In-18.	5 00	Furne.	
Boissy (l'abbé).	Le livre des abeilles........	1	In-12.	2 50	Goin.	
Boscowitz....	Les Volcans...............	1	In-8°.	15 00	Ducrocq.	
Bouillet.....	Dictionnaire universel des sciences...............	1	*Idem.*	21 00	Hachette.	
Bourassé.....	Voyage entomologique (1863).	1	In-18.	1 05	Mame.	
Boussingault..	Agronomie, chimie agricole, etc. (1874).	5	In-8°.	26 00	Gauthier-Villars.	E. N.
Bresson.....	Histoire du calendrier.......	1	In-12.	1 50	Bresson.	
Brewer......	La Clef de la science........	1	In-18.	4 50	Renouard.	
Briot et Vacquant.	Arpentage et levé des plans...	1	In-12.	3 00	Hachette.	
Buffon......	Œuvres choisies (1864).....	1	In-8°.	2 50	Mame.	
Idem........	Les Animaux historiques, par O. Fournier...........	1	*Idem.*	10 00	Garnier.	
Burat.......	Application de la géologie à l'agriculture............	1	In-12.	1 50	Rothschild.	
Cahours et Riche.	Chimie des demoiselles......	1	In-12.	7 00	Hetzel.	
Carraud (Mme).	Les métamorphoses d'une goutte d'eau................	1	*Idem.*	2 25	Hachette.	
Castillon....	Récréations physiques.......	1	*Idem.*	2 25	*Idem.*	
Idem........	Récréations chimiques.......	1	*Idem.*	2 25	*Idem.*	
Cazin.......	Les forces physiques........	1	*Idem.*	2 25	*Idem.*	
Idem........	La Chaleur...............	1	*Idem.*	2 25	*Idem.*	
Champfleury..	Oiseaux chanteurs des bois et des plaines............	1	In-8°.	5 00	Rothschild.	
Chenu......	Conchyliologie (1867)......	1	*Idem.*	12 00	Garnier.	

NOMS DES AUTEURS.	TITRES DES OUVRAGES.	NOMBRE de volumes.	FORMAT.	PRIX FORT.	ÉDITEURS.	OBSERVATIONS.
				fr. c.		
Chevalier....	Géologie contemporaine.....	1	In-8°.	2 50	Mame.	
Clavaud.....	De la fécondation des végétaux supérieurs..............	1	In-18.	0 25	Hachette.	
Collignon....	Les Machines..............	1	In-12.	2 25	*Idem.*	
Comberousse.	Les grands ingénieurs.......	1	In-18.	0 25	*Idem.*	
Cortambert...	Les Trois Règnes de la nature.	1	In-12.	1 50	*Idem.*	
Davanne....	Progrès de la photographie (1877).	1	In-8°.	6 00	Gauthier-Villars.	E. N.
Debray......	Cours élémentaire de chimie..	1	In-8°.	12 00	Dunod.	E. N.
Deguin......	Précis de physique.........	1	In-12.	4 00	Belin.	
Deherain (P.).	Cours de chimie agricole professé à l'école de Grignon..	1	In-8°.	10 00	Hachette.	E. N.
Dehérain et Tissandier.	Eléments de chimie (2e année).	1	*Idem.*	2 50	*Idem.*	E. N.
Delon......	Mines et carrières..........	1	In-32.	0 50	*Idem.*	Recommandé.
Demond.....	Pratique complète et raisonnée du système métrique......	1	In-18.	1 00	Boyer.	E. N.
Depping.....	Merveilles de la force et de l'adresse (1868).........	1	In-12.	2 25	Hachette.	
Depuiset.....	Les papillons (1877)........	1	In-8°.	30 00	Rothschild.	
Desclozières..	Vie et inventions de Philippe de Girard.............	1	In-12.	2 00	Hachette.	
Dujardin....	La chaleur et l'humidité à la surface de la terre........	1	In-18.	0 25	Hachette.	
Dumonchel...	Cosmographie.............	1	*Idem.*	1 10	Delagrave.	E. N.
Dupaigne....	Les montagnes (1873)......	1	*Idem.*	9 00	Mame.	E. N.
Dupont (Paul).	Histoire de l'imprimerie.....	1	*Idem.*	2 00	P. Dupont.	E. N.
Dupont et Bouquet de la Grye.	Les bois indigènes et étrangers, avec gravures (1875).....	1	In-8°.	12 00	Rothschild.	
Egger.......	Le papier dans l'antiquité et les temps modernes.........	1	In-18.	0 25	Hachette.	
Émery......	Vie végétale...............	1	In-8°.	30 00	*Idem.*	
Fabre.......	Livre d'histoire; récits scientifiques................	1	In-12.	1 50	Delagrave.	
Idem........	Chimie agricole...........	1	*Idem.*	1 25	*Idem.*	
Idem........	La Terre.................	1	*Idem.*	2 00	*Idem.*	
Idem........	Physique.................	1	*Idem.*	2 00	*Idem.*	
Idem........	Le Ciel..................	1	*Idem.*	2 00	*Idem.*	
Idem........	Histoire d'une bûche........	1	In-8°.	10 00	Garnier.	
Idem........	La science élémentaire. — Lectures pour toutes les écoles..					
	I. Botanique..........	1	In-12.	2 00	Delagrave.	
	II. Zoologie..........	1	*Idem.*	2 00	*Idem.*	

NOMS DES AUTEURS.	TITRES DES OUVRAGES.	NOMBRE de volumes.	FORMAT.	PRIX FORT.	ÉDITEURS.	OBSERVA-TIONS.
				fr. c.		
Fabre.......	Aurore (1874)............	1	In-18.	1 50	Delagrave.	
Idem........	Le Ménage (1874).........	1	In-12.	1 50	*Idem.*	
Idem........	La plante. — Leçons à mon fils sur la botanique (1876)...	1	*Idem.*	2 00	*Idem.*	Recommandé.
Faraday.....	Histoire d'une chandelle.....	1	*Idem.*	3 50	Hetzel.	
Figuier (L.)..	Les grandes inventions......	1	*Idem.*	1 05	Hachette.	
Idem........	L'homme primitif..........	1	In-8°.	10 00	*Idem.*	
Idem........	Les merveilles de la science...	4	*Idem.*	40 00	Furne.	E. N.
Idem........	Les merveilles de l'industrie ..	4	In-12.	40 00	*Idem.*	
Idem........	Vie des savants illustres (1873).	2	In-8°.	7 00	Hachette.	
Idem........	La terre avant le déluge (1872).	1	*Idem.*	10 00	Hachette.	
Idem........	La terre et les mers (1872)...	1	*Idem.*	10 00	*Idem.*	E. N.
Flammarion..	Histoire du ciel (1872)......	1	In-12.	10 00	Hetzel.	
Idem........	Atlas céleste..............	1	In-f°.	45 00	Gauthier-Villars.	
Idem........	Études et lectures sur l'astronomie	7	In-12.	17 50	*Idem.*	E. N.
Flourens	De l'instinct et de l'intelligence des animaux (1861)......	1	In-18.	3 50	Garnier.	
Focillon.....	Premières leçons d'histoire naturelle................	1	In-12.	2 50	Delagrave.	
Idem........	Cours d'histoire naturelle....	1	*Idem.*	5 00	*Idem.*	
Fonvielle (De).	Les merveilles du monde invisible.................	1	*Idem.*	2 25	Hachette.	
Fournier et Leroy.	Animaux historiques........	1	In-8°.	10 00	Garnier.	
Franklin et Esquiros.	Monde des métamorphoses ...	1	In-12.	3 50	Hachette.	
Idem........	La vie des animaux.........	6	*Idem.*	21 00	*Idem.*	
	Prix de chaque volume....	1	.....	3 50		
Garnier	Traité des finances.........	1	In-18.	3 50	Garnier.	
Idem........	Traité des mesures métriques.	1	*Idem.*	0 75	*Idem.*	
Idem........	Le fer....................	1	In-12.	2 25	Hachette.	
Garrigues....	Simples lectures sur les sciences.	1	*Idem.*	1 80	*Idem.*	
Idem........	Le Système métrique	1	In-18.	0 75	*Idem.*	
Gervais......	Éléments de zoologie. Mammifères, 1re année.........	1	In-12.	1 25	Hachette.	
Idem........	Éléments d'histoire naturelle..	3	*Idem.*	6 00	*Idem.*	
Idem........	Botanique................	1	*Idem.*	1 50	*Idem.*	
Idem........	Géologie.................	1	*Idem.*	1 50	*Idem.*	
Idem........	Zoologie.................	1	*Idem.*	3 00	*Idem.*	
Idem........	*Idem*....................	1	In-8°.	8 00	*Idem.*	
Gervais (H.) et Boulart.	Les Poissons d'eau douce (avec gravures)...............	1	In-8°.	30 00	Rothschild.	

NOMS DES AUTEURS.	TITRES DES OUVRAGES.	NOMBRE de volumes.	FORMAT.	PRIX FORT.	ÉDITEURS.	OBSERVATIONS.
				fr. c.		
Girard......	Métamorphoses des insectes...	1	In-8°.	2 25	Rothschild.	
Idem........	Les plantes étudiées au microscope..................	1	*Idem.*	1 25	*Idem.*	E. N.
Girardin.....	Leçons de chimie élémentaire..	5	*Idem.*	48 00	Masson.	
Girdwoyn....	Anatomie et Physiologie de l'abeille. (Texte et 12 planches, 1876)................	1	In-f°.	25 00	Rothschild.	
Gouget......	Traité théorique et pratique du levé des plans et de l'arpentage.................	1	In-8°.	8 00	Chenu, à Orléans. Sagnier, à Paris.	E. N.
Gratiolet.....	De la Physionomie.........	1	In-12.	3 50	Hetzel.	
Grimard.....	La Botanique à la campagne...	1	In-18.	5 00	*Idem.*	
Guettier.....	Guide des alliages métalliques.	1	*Idem.*	4 00	Lacroix.	E. N.
Gueymard...	Recueil d'analyses chimiques à l'usage de l'agriculture....	1	In-8°.	5 00	Prudhomme	E. N.
Guillemin....	Le Ciel.................	1	*Idem.*	30 00	Hachette.	
Idem........	Phénomènes de la physique...	1	*Idem.*	20 00	*Idem.*	
Idem........	Les chemins de fer.........	1	In-18.	2 25	*Idem.*	
Idem........	Le Soleil.................	1	In-12.	1 25	*Idem.*	
Idem........	Les Comètes.............	1	In-8°.	10 00	*Idem.*	
Idem........	La Vapeur..............	1	In-12.	2 25	*Idem.*	
Idem........	Les Applications de la physique aux sciences, à l'industrie et aux beaux-arts..........	1	In-8°.	20 00	*Idem.*	
Idem........	Les étoiles...............	1	In-12.	1 25	*Idem.*	
Hélène (M.)..	Les Galeries souterraines (1876)	1	In-12.	2 25	*Idem.*	
Hément.....	Premières notions d'histoire naturelle...............	1	*Idem.*	2 50	Delagrave.	
Idem........	Menus propos sur les sciences.	1	*Idem.*	2 00	*Idem.*	
Idem........	*Idem* (édition illustrée)......	1	In-8°.	5 00	*Idem.*	
Idem........	Premières notions de cosmographie...............	1	In-8°.	1 50	*Idem.*	
Idem........	Premières notions de météorologie et de physique du globe...............	1	In-18.	3 50	*Idem.*	
Idem........	L'Aluminium.............	1	*Idem.*	0 25	Hachette.	
Idem........	Simple discours sur la terre et sur l'homme (1874)......	1	In-12.	3 00	Didier.	
Hœfer......	Histoire de la botanique, de la minéralogie et de la géologie.................	1	In-12.	4 00	Hachette.	
Idem........	Histoire de la physique et de la chimie...............	1	*Idem.*	4 00	*Idem.*	

NOMS DES AUTEURS.	TITRES DES OUVRAGES.	NOMBRE de volumes.	FORMAT.	PRIX FORT.	ÉDITEURS.	OBSERVATIONS.
				fr. c.		
Hœfer	Le Monde des bois	1	In-8°.	5 00	Rothschild.	
Idem	Histoire de la zoologie	1	In-12.	4 00	Hachette.	
Jannettaz	Les Roches (1874)	1	In-18.	3 50	Rothschild.	
Idem	Le Chalumeau, guide pratique pour les analyses qualificatives et quantitatives (figures)	1	In-12.	3 00	*Idem*.	
James et Revon.	Les Oiseaux utiles (tableau)	1	*Idem*.	0 75	Périsson, à Annecy.	E. N.
Jehan	Beautés du spectacle de la nature	1	*Idem*.	0 85	Mame.	
Julien	Harmonies de la mer	1	*Idem*.	2 50	Plon.	
Jullien	Cours élémentaire de géométrie descriptive (avec boîte de collection).	1	*Idem*.	13 50	Gauthier-Villars.	
Jussieu (L. de)	Simples notions de physique	1	*Idem*.	1 25	Delagrave.	
Kobell (De)	Les Minéraux	1	*Idem*.	2 50	Rothschild.	
La Blanchère	Voyage au fond de la mer (illustré)	1	In-8°.	10 00	Furne.	E. N.
Lacolonge (De)	De l'Eau	1	In-18.	0 25	Hachette.	
Lacroix	Introduction à la connaissance de la sphère.	1	*Idem*.	1 25	Gauthier-Villars.	
Ladrey	L'Art de faire le vin	1	*Idem*.	3 50	Savy.	
Lagarrigue	Récréations scientifiques	1	In-12.	2 00	P. Dupont.	
Idem	Notions de mécanique expérimentale	1	*Idem*.	0 60	*Idem*.	
Lambert (Abbé)	Nouveau Guide du géologue (1873)	1	In-18.	5 00	Savy.	
Landrin	Les Monstres marins	1	In-12.	2 25	Hachette.	
Idem	Traité de l'acier	1	*Idem*.	5 00	Lacroix.	E. N.
Laplace	Précis de l'histoire de l'astronomie.	1	In-8°.	3 00	Gauthier-Villars.	
Laurencin	L'Étincelle électrique (1870)	1	In-18.	1 25	Brunet.	
Idem	La pluie et le beau temps (1874)	1	*Idem*.	3 50	Rothschild.	
Lechartier	Cours de chimie agricole	1	In-12.	2 50	Oberthur.	E. N.
Lehr (Ernest)	Voyages de découvertes dans la maison	1	*Idem*.	10 00	Berger-Levrault.	
Le Maout et Decaisne.	Flore élémentaire des jardins et des champs	2	*Idem*.	9 00	Libr. agric.	
Lereboullet	Zoologie du jeune âge	1	In-4°.	9 00	Derivaux.	
Lesbazeilles	Les Colosses anciens et modernes (1876)	1	In-12.	2 25	Hachette.	
Lescuyer	Architecture des nids	1	*Idem*.	3 00	Marchand.	

NOMS DES AUTEURS.	TITRES DES OUVRAGES.	NOMBRE de volumes.	FORMAT.	PRIX FORT.	ÉDITEURS.	OBSERVATIONS.
				fr. c.		
Levêque.....	Les harmonies providentielles (bibliothèque des merveilles, avec figures)...........	1	In-12.	2 25	Hachette.	Recommandé.
Liais........	L'Espace céleste et la nature tropicale...............	1	In-8°.	20 00	Garnier.	
Louandre....	Dictionnaire des sciences.....	1	In-18.	4 00	P. Dupont.	
Macé.......	L'arithmétique du grand-papa (édition populaire).......	1	In-4°.	1 00	Hetzel.	
Idem........	Histoire d'une bouchée de pain.	1	In-12.	3 00	*Idem.*	
Magne......	Hygiène vétérinaire. Race chevaline................	1	*Idem.*	8 00	Garnier.	
Idem........	*Idem.* Race bovine.........	1	*Idem.*	5 00	*Idem.*	
Idem........	*Idem.* Race ovine..........	1	*Idem.*	3 00	*Idem.*	
Idem........	*Idem.* Race porcine.........	1	*Idem.*	2 00	*Idem.*	
Mahistre.....	L'Art de tracer des cadrans solaires................	1	In-18.	1 25	Gauthier-Villars.	
Maigne......	Lectures variées sur les sciences usuelles..............	1	In-12.	1 60	Belin.	
Idem........	Histoire de l'industrie.......	1	*Idem.*	3 60	*Idem.*	
Idem........	*Idem*....................	1	In-8°.	5 00	*Idem.*	
Mangin.....	Les Savants illustres........	1	*Idem.*	7 00	Ducrocq.	
Idem........	Pierres et Métaux..........	1	*Idem.*	2 00	Mame.	
Margollé et Zurcher.	Les Tempêtes..............	1	In-12.	3 00	Hetzel.	
Marie.......	Géométrie stéréographique...	1	In-8°	5 00	Gauthier-Villars.	E. N.
Marié-Davy et Sonrel.	Éléments de géologie........	1	In-12.	1 80	Hachette.	
Marié-Davy...	Instructions pour les observations météorologiques.....	1	In-8°.	2 50	Gauthier-Villars.	
Marzy.......	L'Hydraulique.............	1	In-12.	2 25	Hachette.	
Menault.....	L'Intelligence des animaux...	1	*Idem.*	2 25	*Idem.*	
Meugy......	Leçons de géologie appliquées à l'agriculture............	1	In-8°.	5 00	Savy.	
Meunier (V.).	Les grandes pêches.........	1	In-12.	2 25	Hachette.	
Meunier.....	Géologie technologique (1877).	1	*Idem.*	3 50	Rothschild.	Recommandé.
Idem........	La Terre végétale, avec carte agricole de la France......	1	In-18.	3 00	*Idem.*	
Milne-Edwards	Zoologie et Physiologie......	1	*Idem.*	6 00	Masson.	E. N.
Moigno......	Les Éclairages modernes.....	1	*Idem.*	2 00	Gauthier-Villars.	
Moitessier....	L'Air (illustré, 1875).......	1	In-12.	2 25	Hachette.	
Montmahou..	La Vie des insectes.........	1	*Idem.*	2 00	Delagrave.	

NOMS DES AUTEURS.	TITRES DES OUVRAGES.	NOMBRE de volumes.	FORMAT.	PRIX FORT.	ÉDITEURS.	OBSERVATIONS.
				fr. c.		
Mouchetet	Notions générales d'astronomie populaire	1	In-12.	2 00	Dejay.	
Niox	Géologie	1	In-18.	3 00	Dumaine.	Recommandé.
Pape-Carpantier (Mme)	Zoologie des écoles	5	Idem.	4 75	Hachette.	
Idem	Arithmétique, géométrie appliquée; système métrique (cours d'éducation). Période élémentaire	1	Idem.	1 50	Idem.	E. N.
Parville (De)	Causeries scientifiques	6	In-12.	21 00	Rothschild.	
Idem	Chaque volume pris séparément	1	Idem.	3 50	Idem.	
Pasteur	Études sur les maladies des vers à soie (1870)	2	In-8°.	20 00	Gauthier-Villars.	E. N.
Idem	Études sur la bière (1876)	1	Idem.	20 00	Idem.	E. N.
Idem	Études sur le vinaigre (1868)	1	Idem.	4 00	Idem.	E. N.
Payen	Précis de chimie industrielle	3	Idem.	30 00	Hachette.	
Idem	L'Éclairage au gaz	1	In-18.	0 25	Idem.	
Pernot	Guide pratique du constructeur	1	Idem.	6 00	Idem.	
Pierre (Isidore)	Notions de chimie usuelle	1	In-12.	2 50	Lacroix.	
Pizzetta	Le Monde avant le déluge	1	Idem.	1 00	Delagrave.	
Idem	Histoire d'une feuille de papier	1	Idem.	1 00	Brunet.	
Idem	Les Veillées de Jean Rustique	1	In-18.	1 50	Idem.	
Plessix	Astronomie de la jeunesse	1	Idem.	3 00	P. Dupont.	
Poiré	Leçons de physique	1	In-12.	4 00	Delagrave.	
Idem	La France industrielle (avec figures)	1	In-8°.	10 00	Hachette.	Recommandé.
Pouchet	L'Univers	1	Gr. 8°.	20 00	Idem.	
Pouillet	Notions générales de physique	1	In-12.	2 50	Idem.	
Pouriau	Chimie organique	1	Idem.	4 00	E. Lacroix.	
Prévost	Emploi des chemins de fer à la guerre	1	Idem.	0 30	Dumaine.	
Privat-Deschanel et Focillon	Dictionnaire des sciences	2	In-8°.	32 00	Delagrave.	
Quatrefages (De)	Souvenirs d'un naturaliste	2	In-12.	7 00	Charpentier	
Idem	La race prussienne (1871)	1	In-18.	1 25	Hachette.	
Idem	Histoire de l'homme	5	Idem.	1 25	Idem.	
Radau	L'Acoustique, ou les phénomènes du son	1	Idem.	2 25	Idem.	
Idem	Le Magnétisme (illustré, 1875)	1	In-12.	2 25	Idem.	
Idem	Progrès récents de l'astronomie stellaire	1	Idem.	1 50	Gauthier-Villars.	
Idem	Les Observatoires de montagne	1	Idem.	1 50	Idem.	

NOMS DES AUTEURS.	TITRES DES OUVRAGES.	NOMBRE de volumes.	FORMAT.	PRIX FORT.	ÉDITEURS.	OBSERVATIONS.
				fr. c.		
Rambosson...	La Science populaire.......	3	In-18.	3 00	Rothschild.	
Idem........	Les Astres (avec figures).....	1	In-12.	10 00	Didot.	
Idem........	Les Pierres précieuses.......	1	In-8°.	10 00	*Idem*.	
Idem........	Les Astres, ou Notions d'astronomie................	1	*Idem*.	1 25	Tequi.	
Raulin......	Éléments de géologie (année préparatoire)..........	1	*Idem*.	1 25	Hachette.	
Idem........	*Idem* (1re année)...........	1	*Idem*.	1 25	*Idem*.	
Reclus......	La Terre (1868)...........	2	Gr. 8°.	30 00	*Idem*.	
Idem........	Phénomènes terrestres. Les continents (1872).......	1	In-12.	1 25	*Idem*.	
Idem........	Phénomènes terrestres. Mers et météores...............	1	*Idem*.	1 25	*Idem*.	
Idem........	Histoire d'un ruisseau.......	1	In-18.	3 00	Hetzel.	
Regnault.....	Cours pratique d'arpentage...	1	*Idem*.	1 50	Gauthier-Villars.	
Renard......	Le Fond de la mer.........	1	*Idem*.	3 00	Hetzel.	
Idem........	Les Phares (1867).........	1	*Idem*.	2 25	Hachette.	
Rendu (V.)...	Les Animaux de la France (illustré, 1875)...........	1	In-8°.	10 00	*Idem*.	
Idem........	Mœurs pittoresques des insectes	1	In-18.	1 25	Hachette.	
Reynaud (Jean)	Histoire élémentaire des minéraux.................	1	*Idem*.	2 25	*Idem*.	
Riche (l'abbé).	Merveilles de l'œil. — Étude religieuse (1876)........	1	In-12.	2 50	Plon.	
Roulin......	Histoire naturelle et souvenirs de voyages.............	1	In-12.	3 00	Hetzel.	
Rousseau	Les Habitations merveilleuses.	1	In-18.	2 00	Brunet.	
Rozet.......	De la Pluie en Europe......	1	In-12.	2 00	Gauthier-Villars.	E. N.
Sachot (O.)...	Curiosités zoologiques.......	1	*Idem*.	2 00	Ducrocq.	
Idem........	Inventeurs et Inventions.....	1	*Idem*.	2 00	Garnier.	
Saffray......	Chimie des champs (1876)...	1	In-32.	0 50	Hachette.	
Idem........	Physique des champs (1876).	1	*Idem*.	0 50	*Idem*.	
Sauzay......	La Verrerie...............	1	In-12.	2 25	*Idem*.	
Secchi (R. P.).	Le Soleil (et atlas).........	3	In-8°.	30 00	Gauthier-Villars.	
Simonin.....	La Vie souterraine.........	1	Gr. 8°.	30 00	Hachette.	
Idem........	Le Monde souterrain........	1	In-12.	2 25	*Idem*.	
Idem........	Cités ouvrières des mineurs...	1	In-18.	0 25	*Idem*.	
Idem........	Les Pierres (1869).........	1	In-8°.	10 00	*Idem*.	
Sonnet......	Dictionnaire des mathématiques appliquées..............	1	*Idem*.	30 00	*Idem*.	E. N.
Tarnier......	Éléments de géométrie pratique (avec atlas).	1	*Idem*.	10 00	Gauthier-Villars.	Recom. E. N.

NOMS DES AUTEURS.	TITRES DES OUVRAGES.	NOMBRE de volumes.	FORMAT.	PRIX FORT.	ÉDITEURS.	OBSERVATIONS.
				fr. c.		
Terreil......	Traité pratique des essais au chalumeau..............	1	In-8°.	8 00	Savy.	
Thévenin....	Entretiens populaires.......	9	In-12.	11 25	Hachette.	E. N.
	Chaque volume séparément.	1	*Idem.*	1 25	*Idem.*	
Tissandier....	L'Eau..................	1	*Idem.*	2 25	*Idem.*	
Idem........	La Houille...............	1	*Idem.*	2 25	*Idem.*	
Idem........	Les Fossiles..............	1	*Idem.*	2 25	*Idem.*	
Idem........	La Nature (Revue des sciences, illustrée) années 1873-1877	9	In-4°.	90 00	Masson.	
Idem........	Les Poussières de l'air......	1	In-12.	2 75	Gauthier-Villars.	
Idem........	Histoire de mes ascensions....	1	In-8°.	8 00	Dreyfous.	
Tranié......	L'Arrosage chaque semestre..	1	In-4°.	10 00	Tranié.	
Idem........	L'arrosage pratique........	1	In-8°.	3 00	*Idem.*	
Tyndall......	La Matière et la Force......	1	In-18.	1 50	Gauthier-Villars.	
Idem........	Faraday, inventeur.........	1	*Idem.*	2 00	*Idem.*	
Idem........	Chaleur et Froid...........	1	*Idem.*	2 00	*Idem.*	
Idem........	Sur la radiation...........	1	*Idem.*	1 25	*Idem.*	
Idem........	Le Son (traduct. Moigno)....	1	In-8°.	7 00	*Idem.*	
Vannier.....	Premières notions de commerce et de comptabilité........	1	In-12.	2 00	Delagrave.	
Viguier......	Leçons de cosmographie (1868)	1	*Idem.*	2 00	Coulet, à Montpellier.	
Vinot.......	Calculs faits à l'usage des industriels..............	1	In-18.	4 50	Lacroix.	
With.......	Mines, mineurs, métaux et industries métallurgiques. (Illustré.)...............	1	In-8°.	10 00	Furne.	
Wurtz......	Histoire des doctrines chimiques	1	In-12.	3 50	Hachette.	
Zurcher et Margollé	Les Volcans et les Tremblements de terre..............	1	*Idem.*	2 25	*Idem.*	
Idem........	Les Météores..............	1	*Idem.*	2 25	*Idem.*	
Idem........	Le Monde sous-marin.......	1	*Idem.*	3 00	Hetzel.	
....	Histoire naturelle des animaux.	1	*Idem.*	1 05	Mame.	

Série K. — Hygiène.

NOMS DES AUTEURS.	TITRES DES OUVRAGES.	NOMBRE de volumes.	FORMAT.	PRIX FORT.	ÉDITEURS.	OBSERVATIONS.
Babault.....	La Chirurgie du foyer (1877).	1	In-12.	3 50	Rothschild.	
Idem........	La Pustule maligne.........	1	In-18.	2 50	*Idem.*	
Barthélemy...	Le Médecin des enfants......	1	*Idem.*	1 00	*Idem.*	
Benoist de la Grandière.	Notions d'hygiène (1877)...	1	In-12.	1 50	Delahaye.	Recommandé.
Bouchot.....	Hygiène de la première enfance	1	*Idem.*	4 00	Baillière.	

NOMS DES AUTEURS.	TITRES DES OUVRAGES.	NOMBRE de volumes.	FORMAT.	PRIX FORT.	ÉDITEURS.	OBSERVATIONS.
				fr. c.		
Bouley......	La Rage. — Moyens d'en éviter les dangers.............	1	In-12.	1 00	Asselin.	
Bourdon.....	Notions d'hygiène pratique...	1	In-8°.	3 00	Hachette.	
Brochard....	L'Allaitement maternel......	1	In-18.	1 00	Rothschild.	Recommandé.
Idem........	L'Art d'élever les enfants (1877).	1	*Idem.*	0 25	Brochard.	
Chevreuse....	Le Guide de la santé et de la maladie...............	1	In-8°.	0 75	Humbert.	
Debourge....	Un mot sur les habitations insalubres...............	1	In-18.	0 50	*Idem.*	
Descieux.....	Entretiens sur l'hygiène......	1	In-12.	1 25	P. Dupont.	
Fonssagrives..	Le Rôle des mères (1868)....	1	*Idem.*	3 50	Delagrave.	
Idem........	Entretiens familiers sur l'hygiène.................	1	*Idem.*	3 50	*Idem.*	
Idem........	Dictionnaire de la santé (1876)	1	In-8°.	15 00	*Idem.*	
Hippeau (Mme).	Mères et nourrices (1875)...	1	In-12.	4 00	Hippeau.	E. N. de filles.
James (D^r^)...	Premiers soins à donner aux malades..............	1	*Idem.*	6 00	V. Masson.	
Le Bon......	Hygiène pratique du soldat et des blessés (1870)........	1	In-18.	0 80	Rothschild.	
Meunier (Mme)	Le Docteur au village (1868)..	1	In-12.	1 25	Hachette.	
Nightingale (Mme).	Des soins à donner aux malades (1869)................	1	*Idem.*	3 00	Didier.	
Parrot (le Dr H.)	Leçons élémentaires d'hygiène (1874)................	1	*Idem.*	2 00	P. Dupont.	
Picard (Eug.).	Dangers de l'abus des boissons alcooliques (1874).......	1	*Idem.*	0 60	Donnaud.	
Riant (le D^r^).	L'Alcool et le Tabac (1876)..	1	In-32.	0 50	Hachette.	
Idem........	Le Café, le Chocolat, le Thé (1875)................	1	*Idem.*	0 50	*Idem.*	
Idem........	Leçons d'hygiène..........	1	In-12.	6 00	Delahaye.	
Idem........	Hygiène scolaire...........	1	In-12.	3 00	Hachette.	Recommandé.
Ségur (Mme de)	La Santé des enfants........	1	In-18.	0 50	*Idem.*	
St-Vincent (De)	Nouvelle médecine des familles (avec figures)...........	1	In-12.	3 50	Baillière.	
Tessereau....	Cours d'hygiène...........	1	*Idem.*	3 00	P. Dupont.	

Série L. — Industrie.

NOMS DES AUTEURS.	TITRES DES OUVRAGES.	NOMBRE de volumes.	FORMAT.	PRIX FORT.	ÉDITEURS.	OBSERVATIONS.
Beaufort (Mlle)	Entretiens sur l'industrie.....	1	In-12.	1 25	Ducrocq.	
Challeton de Brughat.	Art du briquetier (avec atlas)..	1	In-8°.	7 50	Lacroix.	
Cocheris.....	Patrons de broderies, dentelles et guipures du XVIe siècle..	1	In-12.	7 50	Boulanger.	
Demanet.....	Guide pratique du constructeur. — Maçonnerie..........	1	In-18.	6 00	Lacroix.	

NOMS DES AUTEURS.	TITRES DES OUVRAGES.	NOMBRE de volumes.	FORMAT.	PRIX FORT.	ÉDITEURS.	OBSERVATIONS.
				fr. c.		
Fortoul......	Industrie moderne..........	2	In-18.	3 00	P. Dupont.	
Gand (E.)...	Fabrication du velours de coton	3	In-8°.	12 00	Lacroix.	
Heuzé.......	Manuel des constructions agricoles (1876)...........	1	In-18.	7 00	Libr. encycl. Roret.	
Lasteyrie (De).	Histoire de l'orfévrerie (illustrée, 1875)...........	1	In-12.	2 25	Hachette.	
Leguidre.....	Industrie manufacturière (Premiers éléments d')........	1	In-18.	0 90	Delagrave.	B. N.
Maigne......	Arts et Manufactures (1re partie)	1	In-12.	3 50	Belin.	Recommandé.
Marmay......	Traité de la meunerie et de la boulangerie (avec atlas)....	1	In-8°.	10 00	Lacroix.	
Merly.......	Le Livre de poche du charpentier...................	1	In-18.	6 00	Idem.	
Modeste.....	La cherté des grains.........	1	Idem.	3 50	Guillaumin.	
Monteil (Alexis)	Histoire de l'industrie française et des gens de métiers, avec figures..............	2	In-8°.	7 00	P. Dupont.	
Nivoit......	Notions élémentaires sur l'industrie dans le département des Ardennes..........	1	Idem.	2 50	Jolly.	Pour le N. E.
Ortolan......	Guide pratique de l'ouvrier mécanicien...............	1	Idem.	12 00	Lacroix.	B. N.
Poiré.......	Simples lectures sur les principales industries..........	1	In-12.	1 50	Hachette.	Recommandé.
Reybaud.....	La Soie. — Conditions des ouvriers................	1	In-18.	7 50	Lacroix.	
Séguin......	La Dentelle, avec planches...	1	In-f°.	100 00	Rothschild.	
Vadot.......	Le Creusot...............	1	In-18.	2 00	Pautet.	
Vinot.......	Calculs faits à l'usage des industriels..............	1	Idem.	4 50	Lacroix.	
Wolowski....	Le Travail des enfants dans les manufactures...........	1	In-8°.	4 00	Idem.	
....	Études sur l'exposition de Londres (1862)...........	1	Idem.	16 00	Idem.	

Série M. — Agriculture, Horticulture, Sylviculture, Pisciculture, etc.

NOMS DES AUTEURS.	TITRES DES OUVRAGES.	NOMBRE de volumes.	FORMAT.	PRIX FORT.	ÉDITEURS.	OBSERVATIONS.
Baltet.......	L'Art de greffer...........	1	In-12.	3 00	Masson.	
Idem........	Culture du poirier..........	1	Idem.	1 00	Idem.	
Barbier......	La Jeune Fermière.........	1	Idem.	1 60	Roblot.	
Idem........	Traité d'agriculture théorique et pratique............	1	In-18.	1 50	Idem.	
Barral......	Le Bon Fermier...........	1	In-12.	7 00	Libr. agric.	
Idem........	Irrigations et engrais liquides..	1	Idem.	7 50	Idem.	
Idem........	Drainages des terres arables..	2	In-18.	7 00	Idem.	

NOMS DES AUTEURS.	TITRES DES OUVRAGES.	NOMBRE de volumes.	FORMAT.	PRIX FORT.	ÉDITEURS.	OBSERVATIONS.
				fr. c.		
Barrau	Simples notions sur l'agriculture	1	In-12.	1 50	Hachette.	
Idem	Félix ou le Jeune Cultivateur	1	In-18.	0 50	*Idem.*	
Basserie	Manuel hippique sommaire de l'éleveur cultivateur	1	In-12.	1 00	Goin.	
Baudement	Les Mérinos	1	*Idem.*	2 00	Delagrave.	
Baudry et Jourdier.	Catéchisme d'agriculture	1	*Idem.*	1 00	Masson.	
Beaupré (De).	Les animaux protecteurs de l'agriculture	1	*Idem.*	0 75	Sandoz et Fisbacher.	
Berthoud	Botanique au village	1	In-18.	1 50	P. Dupont.	
Bidault	L'Horticulture dans les écoles primaires	1	In-12.	1 50	Delagrave.	
Blanchemain	La Culture en billons	1	*Idem.*	2 00	Blériot.	
Bobierre	Leçons de chimie agricole (sol et engrais)	1	In-8°.	6 00	Masson.	
Idem	Notions sur les engrais	1	In-12.	2 00	*Idem.*	
Bocquillon	La Vie des plantes	1	*Idem.*	2 25	Hachette.	
Bodin	Herbier agricole	1	In-18.	0 80	Delagrave.	
Idem	Lectures et Promenades agricoles	1	*Idem.*	0 60	*Idem.*	
Idem	Conseils aux jeunes filles qui doivent devenir fermières	1	In-12.	0 60	*Idem.*	
Boiteau, etc.	Le Bon Jardinier (texte)	1	In-18.	7 00	Libr. agric.	
Idem	*Idem* (gravures)	1	*Idem.*	7 00	*Idem.*	
Bona	Manuel des constructions rurales	1	*Idem.*	5 00	Lacroix.	
Boujean	Conservation des oiseaux (1866)	1	*Idem.*	0 60	Garnier.	
Borel	Paix aux oiseaux	1	In-12.	0 25	P. Dupont.	
Borie	Les Jeudis de M. Dulaurier	2	*Idem.*	1 50	Libr. agric.	
Idem	L'Année rustique	2	*Idem.*	6 00	Hetzel.	
Idem	Les Travaux des champs	1	*Idem.*	1 25	Libr. agric.	
Idem	Les Douze Mois (1860)	1	In-8°.	3 50	*Idem.*	
Idem	L'Agriculture et la Liberté (1866)	1	*Idem.*	4 00	*Idem.*	
Bouchard-Huzard.	Traité des constructions rurales.	2	*Idem.*	25 00	Bouchard-Huzard.	
Bouchon-Brandely.	Traité de pisciculture pratique et d'agriculture (1876)	1	*Idem.*	18 00	Goin.	
Bouquet de la Grye.	Guide pratique du forestier.— Éléments de Sylviculture	2	In-18.	5 00	Rothschild.	
Bourguin	Soyez bons pour les animaux	1	In-12.	0 60	Ducrocq.	
Boutteville et Hauchecorne.	Le Cidre (1876)	1	*Idem.*	3 50	Deshays.	Recommandé.

NOMS DES AUTEURS.	TITRES DES OUVRAGES.	NOMBRE de volumes.	FORMAT.	PRIX FORT.	ÉDITEURS.	OBSERVATIONS.
				fr. c.		
Bremond	Arboriculture des écoles primaires (1870), avec atlas..	1	In-18.	2 00	Goin.	
Breuil (Du)..	Instructions élémentaire sur la conduite des arbres fruitiers.	1	In-12.	2 50	Masson.	
Carrière.....	Pépinières (1862).........	1	*Idem.*	1 25	Libr. agric.	
Idem	La Vigne	1	*Idem.*	3 50	*Idem.*	
Idem........	Encyclopédie horticole........	1	*Idem.*	3 50	*Idem.*	
Cazanova	Les premiers pas dans l'agriculture, ...	1	In-18.	1 00	Rothschild.	
Cazeaux	Du rôle des femmes dans l'agriculture.	1	In-12.	1 50	Mag. pittor.	
Charpentier de Cossigny.	Notions élémentaires, théoriques et pratiques sur les irrigations.	1	In-8°.	5 00	Soc. des Agr. de France.	E. N.
Chatin	Le Cresson (1866).........	1	In-12.	2 00	Baillière.	
Courtois - Gérard.	Manuel pratique de culture maraîchère...............	1	In-18.	5 50	Lacroix.	
Idem	Manuel pratique du jardinage.	1	*Idem.*	5 50	*Idem.*	
Idem	Culture des fleurs dans les petits jardins.............	1	In-32.	1 00	Savy.	
Idem	Culture maraîchère dans les petits jardins...........	1	In-32.	1 00	Savy.	
Courval......	Conduite et taille des arbres forestiers................	1	In-8°.	3 00	Libr. agric.	
Coutance	L'Olivier (1875)	1	*Idem.*	15 00	Rothschild.	Admis pour le Midi.
Crussard (J.-C.)	Principes d'agriculture rationnelle..................	1	*Idem.*	8 00	Crussard.	
Décugis	Les tourteaux de graines oléagineuses (1876).........	1	*Idem.*	8 00	Chez l'aut., à Toulon.	Admis pour les pays où l'on emploie les tourteaux.
Delagarde	Les Engrais perdus dans les campagnes.............	1	In-18.	1 50	Goin.	
Delbetz	Les Topinambours; culture, etc. (1856)..............	1	In-12.	1 25	*Idem.*	
Des Cars.....	Élagage des arbres, avec gravures.................	1	In-18.	1 00	Rothschild.	
Dombasle (De)	Traité d'agriculture.........	5	In-8°.	30 00	Bouchard-Huzard.	
Idem	Abrégé du Calendrier du cultivateur	1	In-12.	1 50	*Idem.*	
Idem	*Idem*...................	1	*Idem.*	1 50	P. Dupont.	
Dromart.....	Traité des matières résineuses provenant des pins maritimes.	1	In-18.	4 00	Lacroix.	
Du Breuil....	Cours élémentaire théorique et pratique d'arboriculture....	1	*Idem.*	8 50	Garnier.	
Idem	Manuel d'arboriculture des ingénieurs (1860).........	1	*Idem.*	3 50	*Idem.*	

NOMS DES AUTEURS.	TITRES DES OUVRAGES.	NOMBRE de volumes.	FORMAT.	PRIX FORT.	ÉDITEURS.	OBSERVATIONS.
				fr. c.		
Dudouy.....	Guide pratique du cultivateur pour le choix et l'emploi des matières fertilisantes......	1	In-18.	2 50	Goin.	
Dufour de Villefosse.	Culture du melon..........	1	In-12.	1 00	*Idem.*	
Dumas......	La culture maraîchère pour le midi de la France.........	1	*Idem.*	1 25	Libr. agric.	P. le Midi.
Idem........	Calendrier horticole pour le midi de la France (1867)..	1	*Idem.*	1 00	Oriacombe.	P. le Midi.
Idem........	Les Engrais.—Rapport à l'Empereur sur l'enquête......	1	In-18.	2 00	Rothschild.	
Durand.....	La ferme ou notions d'agriculture pratique...........	1	In-12.	1 25	Fouraut.	
Fabre (Henri).	Les Ravageurs. (Récits de l'oncle Paul sur les insectes nuisibles.).	1	In-18.	1 25	Delagrave.	
Fabre......	Histoire de la bûche........	1	In-8°.	10 00	Garnier.	
Faudin......	Le Bon Agriculteur fruitier (avec gravures).........	1	*Idem.*	4 00	Chez l'auteur.	
Idem........	La greffe à la portée des classes populaires, 1873 (avec gravures)................	1	In-12.	1 00	*Idem.*	
Felizet......	Dictionnaire vétérinaire.....	1	In-18.	2 50	Rothschild.	P. le Nord.
Fillon (Alph.).	Mise en valeur des sols pauvres (1870)...............	1	In-18.	3 00	Rothschild.	
Fleury-Lacoste.	Guide pratique du vigneron...	1	*Idem.*	3 00	Lacroix.	E. N.
Fortoul......	Les Veillées de la ferme.....	1	In-12.	0 50	P. Dupont.	
Francq......	Promenades dans les champs..	1	*Idem.*	1 25	*Idem.*	
Fruchier....	Traité d'agriculture théorique et pratique.............	1	In-8°.	7 00	A Digne.	E. N. du Midi.
Gasparin (De).	Métayage................	1	*Idem.*	1 25	Libr. agric.	
Idem........	Fermage.................	1	*Idem.*	1 25	*Idem.*	
Gaucheron et Cotelle.	Cours d'économie agricole (1860-1866)............	2	*Idem.*	2 50	*Idem.*	
Gayot.......	Achat du cheval...........	1	*Idem.*	1 25	*Idem.*	
Idem........	Poules et Œufs............	1	*Idem.*	1 25	*Idem.*	
Idem........	Bon Aménagement des animaux — Écuries et étables. — Bergeries et Porcheries......	1	*Idem.*	8 00	Lacroix.	E. N.
Geoffroy-Saint-Hilaire.	Acclimatation et Domestication des animaux utiles.......	1	*Idem.*	9 00	Libr. agric.	
Girard......	Études sur les insectes carnassiers utiles.............	1	In-8°.	0 50	Masson.	
Girardin....	Des fumiers et autres engrais animaux...............	1	In-18.	3 50	*Idem.*	
Girardin et du Breuil.	Traité élémentaire d'agriculture..................	2	In-12.	16 00	*Idem.*	

NOMS DES AUTEURS.	TITRES DES OUVRAGES.	NOMBRE de volumes.	FORMAT.	PRIX FORT.	ÉDITEURS.	OBSERVATIONS.
				fr. c.		
Girardin et du Breuil.	Instruction élémentaire sur la conduite des arbres fruitiers.	1	In-12.	2 50	Masson.	
Idem	Arbres et arbrisseaux à fruits de table	1	In-18.	8 00	*Idem.*	
Idem.......	Arbres et arbustes d'ornement.	1	*Idem.*	8 00	*Idem.*	
Idem	Instruction élémentaire sur la conduite et la taille des arbres fruitiers............	1	*Idem.*	2 50	Garnier.	
Gosselet	Cours élémentaire de botanique	1	*Idem.*	3 50	Belin.	Recommandé.
Gossin	Manuel élémentaire et classique d'agriculture, d'arboriculture et de jardinage......	1	In-12.	1 25	Fourant.	
Idem.......	Éléments d'histoire naturelle..	1	*Idem.*	2 00	Blériot.	
Idem	Lectures choisies d'agriculture.	1	*Idem.*	1 60	*Idem.*	
Idem	Traité spécial des osiers......	1	*Idem.*	2 00	*Idem.*	
Gobin	Guide pratique d'agriculture..	1	In-18.	4 00	Lacroix.	
Idem	Mûriers et vers à soie (1874)..	1	In-12.	3 50	Niclaus.	
Grandeau....	Stations agronomiques et laboratoires agricoles	1	*Idem.*	1 25	Libr. agric.	E. N.
Granges de Nancy (De).	Petit Traité de Comptabilité agricole en partie simple (1860)	1	In-8°.	3 00	Lacroix.	
Greff.......	La Fermière (1865)........	1	In-12.	0 60	Delagrave.	
Idem	L'École et la Ferme.........	1	*Idem.*	0 60	*Idem.*	
Grenier et Godron.	Flore française............	1	In-8°.	50 00	Savy.	E. N.
Gressent.....	Le Potager moderne........	1	In-12.	7 00	Goin.	
Idem........	Arboriculture fruitière.......	1	*Idem.*	7 00	*Idem.*	*Idem.*
Idem........	Parcs et jardins............	1	*Idem.*	7 00	*Idem.*	*Idem.*
Guenon	Abrégé du Traité des Vaches laitières...............	1	In-18.	6 00	*Idem.*	
Guyot	Culture de la vigne.........	1	In-12.	3 50	Libr. agric.	
Hérincq	Le Nouveau Jardinier illustré.	1	*Idem.*	7 00	Donnaud.	
Heuzé.......	La France agricole. — Sud...	1	*Idem.*	1 25	Hachette.	
Idem	*Idem.* — Sud-Ouest........	1	*Idem.*	1 25	*Idem.*	
Idem	*Idem.* — Ouest............	1	*Idem.*	1 25	*Idem.*	
Idem	Le Porc	1	In-18.	3 50	Libr. agric.	
Idem	Lectures et Dictées d'agriculture.................	1	In-12.	0 75	*Idem.*	
Idem	Les Formules des fumures (1868)...............	1	In-18.	1 25	*Idem.*	
Idem	Les Agriculteurs illustres.....	1	In-12.	1 25	*Idem.*	
Idem	Les Assolements et les systèmes de culture..............	1	In-8°.	9 00	*Idem.*	
Hœfer	Le Monde des bois, avec gravures	1	*Idem.*	25 00	Rothschild.	

NOMS DES AUTEURS.	TITRES DES OUVRAGES.	NOMBRE de volumes.	FORMAT.	PRIX FORT.	ÉDITEURS.	OBSERVATIONS.
				fr. c.		
Jacque	Le Poulailler (1867)	1	In-8°.	3 50	Libr. agric.	
Jamin	Les Fruits à cultiver (1868)	1	In-12.	1 50	Masson.	
Joigneaux	Traité des graines de la grande et de la petite culture	1	In-8°.	3 00	*Idem.*	
Idem	Le Livre de la ferme	2	*Idem.*	32 00	Delagrave et Masson.	
Idem	Les Veillées de la ferme du Tourne-Bride ou Entretiens sur l'agriculture	1	In-12.	1 00	Delagrave.	
Idem	Conseils à une jeune fermière	1	*Idem.*	1 00	Masson.	
Idem	Conférences sur le jardinage	1	*Idem.*	1 25	Libr. agric.	
Idem	Traité de pisciculture	1	*Idem.*	3 50	*Idem.*	
Idem	Le Jardin potager	1	*Idem.*	6 00	*Idem.*	
Idem	Les Champs et les Prés	1	In-18.	1 25	*Idem.*	
Idem	Les Choux. — Culture et emploi	1	In-12.	1 25	*Idem.*	
Idem	Causeries sur l'agriculture et l'horticulture	1	*Idem.*	3 50	*Idem.*	
Idem	Légumes et Fruits	1	*Idem.*	1 25	*Idem.*	
Idem	Culture des eaux	1	*Idem.*	3 50	Libr. agric.	
Jourdeuil	Culture du houblon	1	*Idem.*	2 00	Delagrave.	
Jussieu (De)	Botanique	1	*Idem.*	6 00	Garnier.	
Idem	*Idem*	1	*Idem.*	6 00	Masson.	
Kirwan (De)	Les Conifères, avec gravures	1	In-18.	5 00	Rothschild.	
La Blanchère	Les oiseaux utiles et les oiseaux nuisibles, avec gravures	1	*Idem.*	3 50	*Idem.*	
Idem	Les ravageurs des vergers et des vignes, avec une étude sur le phylloxera	1	*Idem.*	3 50	*Idem.*	Recommandé.
La Blanchère et Robert.	Les ravageurs des forêts et les destructeurs des arbres d'alignement, avec gravures	1	*Idem.*	3 50	*Idem.*	
Lachaume	Les rosiers	1	In-12.	1 25	Libr. agric.	
Lambertye (Cte de).	Conseils sur la culture des fleurs de pleine terre et de fenêtres (1868)	1	*Idem.*	1 00	Goin.	
Idem	Conseils sur la culture des légumes et des fleurs sous châssis	1	*Idem.*	1 00	*Idem.*	
Idem	Conseils sur les semis de graines de légumes	1	*Idem.*	1 00	*Idem.*	
Idem	Conseils sur le choix, la culture et la taille des arbres fruitiers pour la Marne, le nord, l'est, le nord-ouest et le centre de la France	1	In-18.	1 00	*Idem.*	Recommandé.
Idem	Le fraisier (1874)	1	In-12.	1 00	*Idem.*	Recommandé.

NOMS DES AUTEURS.	TITRES DES OUVRAGES.	NOMBRE de volumes.	FORMAT.	PRIX FORT.	ÉDITEURS.	OBSERVATIONS.
				fr. c.		
Lambertye (Cte de).	Conseils sur la culture du melon (1874)	1	In-12.	1 00	Goin.	Pour les Pyrénées.
Idem	Éléments de jardinage (1873).	1	*Idem.*	1 00	*Idem.*	
Latour	Catéchisme d'agriculture pour les Basses-Pyrénées (1871).	1	In-8°.	2 00	Goude.	A Orthez.
Laujoulet	Taille des arbres fruitiers	1	*Idem.*	4 00	Savy.	
Lavallée	Le Brome de Schrader	1	In-18.	1 50	Rothschild.	
Lecoq (H.)	Traité des plantes fourragères.	1	In-8°.	7 50	Mais. Rust.	
Lecoq	Botanique populaire (1862)	1	In-12.	3 50	Libr. agric.	
Lecouteux	Principes de la culture améliorante (1860)	1	*Idem.*	3 50	*Idem.*	
Lefour	Cheval, âne et mulet	1	*Idem.*	1 25	*Idem.*	
Idem	Sol et engrais	1	*Idem.*	1 25	*Idem.*	
Idem	Comptabilité agricole	1	*Idem.*	1 25	*Idem.*	
Idem	Culture générale et instruments aratoires	1	*Idem.*	1 25	*Idem.*	
Idem	Animaux domestiques	1	*Idem.*	1 25	*Idem.*	
Lefour	Trois cents problèmes agricoles avec leurs solutions	1	In-12.	0 50	Libr. agric.	
Le Maout	Cinquante leçons de botanique.	1	In-8°.	12 00	Masson.	
Le Maout et Du-caisne.	Traité général de botanique	1	In-4°.	30 00	Didot.	
Lemichel	Le cheval et le mulet (1872)	1	In-18.	2 50	Berger-Levrault.	
Léouzon	Manuel de la porcherie (1871).	1	*Idem.*	1 25	Libr. agric.	
Lerolle	Traité de botanique	1	*Idem.*	6 00	Lacroix.	
Leroy	Dictionnaire de pomologie, t. I et II; poires (1867-1869)	2	In-8°.	15 00	Leroy.	A Angers.
Idem	*Idem*, t. III et IV; Pommes (1873)	2	*Idem.*	15 00	Goin.	
Lescuyer	La Héronnière d'Écury	1	*Idem.*	1 50	Baillière.	
Idem	Oiseaux de passage	1	*Idem.*	1 50	*Idem.*	
Liron d'Airolles	Les Poiriers les plus précieux	1	*Idem.*	2 00	Guerand.	
Loisel	Les Asperges	1	In-12.	1 25	Libr. agric.	
Idem	Le Melon	1	*Idem.*	1 25	*Idem.*	
Magne	Choix de vaches laitières	1	*Idem.*	1 25	*Idem.*	
Magne et Gillet	Nouvelle flore française (1863).	1	In-18.	8 00	Garnier.	
Malagutti	Petit cours de chimie appliquée à l'agriculture	1	*Idem.*	1 40	Delagrave.	
Idem	Chimie appliquée à l'agriculture	3	In-12.	10 00	*Idem.*	
Marion	Les merveilles de la végétation (1866)	1	*Idem.*	2 25	Hachette.	
Masure	Notions d'agriculture (1873)	1	*Idem.*	1 00	Blériot.	

NOMS DES AUTEURS.	TITRES DES OUVRAGES.	NOMBRE de volumes.	FORMAT.	PRIX FORT.	ÉDITEURS.	OBSERVATIONS.
				fr. c.		
Masure	Leçons de chimie appliquée à l'agriculture	1	In-12.	3 00	Blériot.	
Idem	Leçons élémentaires d'agriculture (1867)	1	*Idem.*	7 00	Libr. agric.	
Mauduit	Pomone agricole	1	In-18.	1 25	Goin.	
Manteuffel	Art de planter les arbres	1	In-12.	2 50	Rothschild.	
Mégnin	L'ami du cheval (1865)	1	*Idem.*	1 50	Lefort.	
Meheust	Les profits en agriculture	1	*Idem.*	1 50	Goin.	
Menault	Insectes nuisibles à l'agriculture (illustré)	1	*Idem.*	2 00	Furne.	
Méplain et Taizy	Histoire du grand Jaquet, métayer	1	*Idem.*	0 75	Libr. agric.	
Millet-Robinet (Mme)	Basse-cour, pigeons et lapins (1862)	2	*Idem.*	1 25	*Idem.*	
Idem	Maison rustique des dames (1873)	1	*Idem.*	7 75	*Idem.*	
Mittet	Le petit cultivateur au XIXe siècle (1874)	1	*Idem.*	1 00	Belin.	Admis pour le Dauphiné et la Savoie.
Monteil (Alex.)	Histoire agricole de la France, avec figures	1	In-8°.	3 50	P. Dupont.	
Murphy et Sanzey	Cultivateur anglais	1	In-18.	1 50	Goin.	
Naudin	Le potager	1	In-12.	1 25	Libr. agric.	
Neveu Dérotrie	Veillées villageoises, ou entretiens familiers sur l'agriculture	1	*Idem.*	1 25	Hachette.	
Parizet	Économie rurale du Lauraguais (1867)	1	In-8°.	2 50	Bouchard-Huzard.	Pour le Midi.
Passy (H.)	Des systèmes de culture et de leur influence sur l'économie sociale	1	In-12.	2 50	Guillaumin.	
Pierre (Isidore)	Prairies artificielles	1	*Idem.*	1 00	Delagrave.	
Idem	Études théoriques et pratiques d'agronomie et de physiologie végétale	4	*Idem.*	14 00	Goin.	
Idem	Notions élémentaires d'analyse chimique appliquée à l'agriculture (1861)	1	*Idem.*	2 50	*Idem.*	
Idem	Recherches théoriques et pratiques sur la valeur nutritive des fourrages	1	*Idem.*	2 50	*Idem.*	
Idem	Chimie agricole	2	*Idem.*	7 00	Libr. agric.	
Idem	Études sur les engrais de mer	1	*Idem.*	2 50	Goin.	
Idem	Observations sur le plâtrage des fumiers	1	In-18.	0 50	*Idem.*	

NOMS DES AUTEURS.	TITRES DES OUVRAGES.	NOMBRE de volumes.	FORMAT.	PRIX FORT.	ÉDITEURS.	OBSERVATIONS.
				fr. c.		
Pinet (Alex.)..	L'Enseignement primaire en présence de l'enquête agricole..................	1	In-8°.	6 00	Ducrocq.	
Pinet et Naudet.	Lectures manuscrites sur les premiers éléments d'agriculture (1863)...........	1	In-12.	0 80	P. Dupont.	
Ponce.......	La culture maraîchère pratique des environs de Paris.....	1	*Idem.*	2 50	Libr. agric.	
Pouriau.....	La laiterie................	1	In-18.	6 00	Niclaus.	
Puton.......	Aménagement des forêts.....	1	In-12.	2 50	Rothschild.	
Puvis.......	Taille et mise à fruit des arbres fruitiers...............	1	*Idem.*	1 25	*Idem.*	
Quatrefages...	Le ver à soie.............	1	In-18.	0 25	Hachette.	
Raoul (L'abbé)	Manuel pratique d'arboriculture fruitière (1873).........	1	*Idem.*	2 25	Goin.	
Rémy.......	Champignons et truffes (1861).	1	In-12.	3 50	Libr. agric.	
Rendu (V.)...	Petit traité de culture maraîchère à l'usage des fermes-écoles et des écoles primaires...............	1	In-32.	0 50	Hachette.	
Idem........	Notions élémentaires d'agriculture..................	1	In-18.	0 75	*Idem.*	Recommandé.
Idem........	Les Abeilles..............	1	In-32.	0 50	*Idem.*	
Idem........	Les insectes nuisibles à l'agriculture (1876)..........	1	In-12.	3 00	Hachette.	
Revon (J. et L.)	Les oiseaux utiles..........	1	In-8°.	0 75	Perrisson, à Annecy.	
Richard	Nouveaux éléments de botanique..................	1	*Idem.*	6 00	Savy.	
Richard (du Cantal).	Dictionnaire raisonné d'agriculture................	2	*Idem.*	16 00	Delagrave.	
Idem........	Étude du cheval de service et de guerre.............	1	In-18.	5 50	Hachette.	
Idem........	Vocabulaire agricole et horticole..................	1	In-12.	2 50	Delagrave.	
Rioudet	Agriculture de la France méridionale...............	1	*Idem.*	3 50	Libr. agr.	
Roche.......	Les martyrs du travail. — Le cheval................	1	*Idem.*	1 25	Delagrave.	Recommandé.
Rodigas	Traité de culture maraîchère..	1	In-8°.	3 50	Rothschild.	Pour le Midi.
Rodin.......	Plantes médicinales et usuelles (1872)..............	1	In-12.	3 50	Delagrave.	Recommandé.
Roman......	Manuel du magnanier (1876).	1	In-18.	4 50	Gauthier-Villars.	E. N.
Rose-Charmeux	Culture du chasselas de Thomery.................	1	In-12.	2 00	Masson.	
Rousselen....	Le Jardinier pratique.......	1	*Idem.*	3 00	P. Dupont.	

NOMS DES AUTEURS.	TITRES DES OUVRAGES.	NOMBRE de volumes.	FORMAT.	PRIX FORT.	ÉDITEURS.	OBSERVATIONS.
				fr. c.		
Samson......	Hygiène des animaux domestiques	1	In-8°.	4 00	Masson.	
Idem........	Économie du bétail.........	4	In-12.	14 00	Libr. agr.	E. M.
Idem........	La maréchalerie ou la ferrure des animaux domestiques (1868)...............	1	In-18.	1 25	*Idem.*	
Idem........	Notions usuelles de médecine vétérinaire (1863).......	1	In-12.	1 25	*Idem.*	
Idem........	Les moutons..............	1	*Idem.*	1 25	*Idem.*	
Schwertz.....	Manuel de l'agriculteur commençant	1	*Idem.*	1 25	*Idem.*	
Sorel.......	Paix aux animaux..........	1	*Idem.*	0 30	P. Dupont.	
Sécron......	Manuel de porcherie........	1	*Idem.*	1 25	Libr. agr.	
Tassy (L.)...	Études sur l'aménagement des forêts................	1	In-8°.	6 00	Rothschild.	
Taulier......	André ou la Ferme de Meylan.	1	In-12.	1 35	Belin.	
Teisserenc de Bort.	Petit questionnaire agricole...	1	In-18.	1 25	Libr. agr.	
Teulières	Les quatre Saisons.........	1	In-12.	2 50	Pigoreau.	
Thévenin	Cours d'économie domestique (séries 4 et 7)..........	2	*Idem.*	2 50	Hachette.	
	Chaque volume séparément.	1	*Idem.*	1 25	*Idem.*	
Thier et Leroy.	Traité pratique de la culture des plantes fourragères....	1	In-18.	1 00	Goin.	
Tisserand....	Guide dans le choix des vaches laitières	1	In-12.	3 50	Savy.	
Tranié......	De l'arrosage pratique........	1	In-8°.	3 00	Gimet, à Toulouse.	
Véret........	Agronomie pratique (1875)..	1	In-12.	1 50	Hachette.	Recommandé.
Vergnette-Lamothe (De).	Le Vin...................	1	In-8°.	3 50	Gimet, à Toulouse.	
Verlot.......	Le Guide du botaniste herborisant.................	1	In-12.	3 50	Baillière.	
Idem........	Engraissement du bœuf......	1	*Idem.*	1 25	Libr. agric.	
Vianne......	Prairies et plantes fourragères avec nombreuses figures...	1	In-8°.	8 00	Rothschild.	
Idem........	La culture économique (1872).	1	In-12.	2 50	*Idem.*	
Vias........	Culture de la vigne en chaintres (1875).	1	*Idem.*	2 50	Maison rustique.	
Vidal.......	Les loisirs d'un instituteur...	1	*Idem.*	0 75	Libr. agric.	
Viel........	Entretiens d'un instituteur sur l'utilité des oiseaux.......	1	*Idem.*	0 60	P. Dupont.	
Villeroy.....	Laiterie, beurre et fromage...	1	*Idem.*	3 50	Libr. agric.	
Idem........	Manuel de l'éleveur de bêtes à laine..................	1	In-18.	3 50	*Idem.*	

NOMS DES AUTEURS.	TITRES DES OUVRAGES.	NOMBRE de volumes.	FORMAT.	PRIX PORT.	ÉDITEURS.	OBSERVATIONS.
				fr. c.		
Villercy......	Manuel de l'éleveur de chevaux.	2	In-8°.	12 00	Libr. agric.	
Idem........	Manuel de l'éleveur de bêtes à cornes.	1	In-18.	1 50	*Idem*.	Admis pour l'Oise et la Manche.
Vitard......	Essai d'agriculture élémentaire (1862)................	1	In-12.	0 50	Bouchard-Huzard.	Recommandé.
Idem........	Manuel populaire du drainage (1856)................	1	*Idem*.	2 50	*Idem*.	Recommandé.
Idem........	Abrégé du manuel de drainage (1862)................	1	*Idem*.	1 00	*Idem*.	
Ysabeau.....	De la vigne et des arbres fruitiers..................	1	*Idem*.	0 75	Goin.	
Idem........	Cours d'agriculture pratique..	4	*Idem*.	6 00	P. Dupont.	
....	Bibliothèque du cultivateur...	41	In-18.	51 25	Libr. agric.	
	Chaque volume séparément.	1	*Idem*.	1 25	*Idem*.	
....	Bibliothèque du jardinier....	19	*Idem*.	23 75	*Idem*.	
	Chaque volume séparément.	1	*Idem*.	1 25	*Idem*.	
....	Maison rustique du XIXe siècle.	5	In-8°.	39 50	*Idem*.	
Divers......	Le Bon Jardinier, avec planches.	2	In-12.	14 00	*Idem*.	

Série N. — Beaux-Arts et musique.

NOMS DES AUTEURS.	TITRES DES OUVRAGES.	NOMBRE de volumes.	FORMAT.	PRIX PORT.	ÉDITEURS.	OBSERVATIONS.
Balissier.....	Histoire de l'art monumental dans l'antiquité et au moyen âge..................	1	In-8°.	20 00	Furne.	
Bordeaux (Raymond).	Traité de la réparation des églises (1862)..........	1	In-12.	4 00	Durand.	
Burty.......	Chefs-d'œuvre de l'art industriel.................	1	In-8°.	15 00	Ducrocq.	
Clément (F.).	Les musiciens célèbres.......	1	*Idem*.	12 00	Hachette.	
Cocheris.....	Documents pour servir à l'histoire des arts industriels. Patrons de broderies du XVIe siècle................	1	In-4°.	7 50	Boulanger.	
Delafontaine..	Méthode de musique vocale...	1	*Idem*.	1 00	Delafontaine.	
Delaistre.....	Cours complet de dessin linéaire...............	1	g.-in-4°	15 00	Gauthier-Villars.	
Duplessis....	Les merveilles de la gravure..	1	In-12.	2 25	Hachette.	
Henriet (D').	Cours rationel de dessin (et atlas)................	3	In-8°.	24 00	*Idem*	
Lacroix (Paul).	Les arts au moyen âge.......	1	In-4°.	30 00	Didot.	
La Béalle....	Premiers principes de dessin linéaire..............	1	In-8°.	3 00	Delalain.	
Lefèvre......	Les merveilles de l'architecture.	1	In-12.	2 25	Hachette.	

NOMS DES AUTEURS.	TITRES DES OUVRAGES.	NOMBRE de volumes.	FORMAT.	PRIX FORT.	ÉDITEURS.	OBSERVATIONS.
				fr. c.		
Marie (F.-G.).	Éléments d'architecture (1875)	1	In-4°.	12 00	Dunod.	
Ménard (René).	Histoire des beaux-arts.......	1	In-8°.	15 00	Boulanger.	
Idem........	L'art au moyen âge.........	1	*Idem.*	2 00	*Idem.*	
Idem........	Histoire de l'art antique.....	1	*Idem.*	2 00	*Idem.*	
Mocker......	Bibliothèque musicale moderne — Série n° 3..........	6	*Idem.*	25 00	Mocker.	
Quicherat....	Traité élémentaire de musique (1863)................	1	In-12.	1 50	Hachette.	
Rillé (L. de)..	Morceaux de chant à une et à deux voix (1869)........	1	*Idem.*	0 50	De Rillé.	
Idem........	Messe en musique avec accompagnement de musique militaire.................	1	In-4°.	5 00	*Idem.*	
Sardan......	Dessin linéaire géométrique...	1	In-12.	1 50	Colas.	E. N.

LISTE DES ÉDITEURS

FIGURANT AU CATALOGUE.

A

Albanel (J.), rue Honoré-Chevalier, 7.
Ardant (E.), à Limoges.
Asselin, place de l'École-de-Médecine.
Aubin, à Draguignan (Var).
Aublin, à l'hôtel des Monnaies, à Paris.

B

Baillarger, à Angoulême.
Baillière (J.-B.), rue Hautefeuille, 19.
Baltenweck, rue Honoré-Chevalier, 7.
Barbou, à Limoges.
Bazin et Girardot, rue Saint-Jacques, 174.
Béhaghel, rue de Turin, 12.
Belin (E.), rue de Vaugirard, 52.
Bellaire, rue des Saints-Pères, 71.
Béraud et L'Étienne, avenue d'Orléans, 122.
Berger-Levrault, rue des Beaux-Arts, 5.
Bertrand (A.), rue Hautefeuille, 21.
Blériot, quai des Grands-Augustins, 8.
Blondel, à Meaux.
Bouchard-Huzard, rue de l'Éperon, 5.
Boulanger (V[e]), rue des Écoles, 54.
Boyer, rue Saint-André-des-Arts, 49.
Bray et Retaux, rue Bonaparte, 82.
Bresson, rue Saint-Sulpice, 21.
Briddel, à Lausanne (Suisse).
Brochard (D[r]), rue Bonaparte, 47.
Brunet, rue Bonaparte, 31.
Capelle, rue Soufflot, 18.
Chaix, rue Bergère, 20.

C

Challamel, rue Jacob, 5.
Charpentier, rue de Grenelle-Saint-Germain, 13.
Chassel, à Mirecourt.
Chenu, à Orléans.
Cligny, à Chalon-sur-Saône.
Colas, rue Dauphine, 26.
Colin et Cie, rue de Mézières, 5.
Cotillon, rue Soufflot, 24.
Coudrier et du Châtelet (Abbés), à Besançon.
Courcier, boulevard Saint-Michel, 13.
Courmagent, à Nice.
Coutet, à Montpellier.
Crussard, à Montmartre, rue Say, 6.

D

Décugis, à Toulon.
Dejay, rue de la Perle, 18.
Delafontaine, rue d'Argenteuil, 19.
Delagrave, rue Soufflot.
Delahaye, place de l'École-de-Médecine.
Delalain, rue des Écoles, 56.
Delignières et Lambert, à Orléans.
Delsol, rue Rousselet, 26.
Dentu, galerie d'Orléans, 17.
Derivaux, à Strasbourg.
Deshays, à Rouen.
Didier, quai des Grands-Augustins, 35.
Didot, rue Jacob, 56.
Dillet, rue de Sèvres.

Ditaudy, à Carcassonne.
Donnaud, rue Cassette, 9.
Douniol, rue de Tournon, 29.
Dreyfous, rue de la Bourse, 10.
Drohojowska (C^{sse}), rue Vanneau, 35.
Ducrocq, rue de Seine, 55.
Dumaine, rue et passage Dauphine, 30.
Dunod, quai des Grands-Augustins, 49.
Dupiney de Vorrepierre, rue Saint-Honoré, 203.
Dupont (P.), rue Jean-Jacques-Rousseau, 41.
Durand et Pedone-Lauriel, rue Soufflot.
Duval, aumônier à l'asile de Vincennes.

E

Étang (De l'), square des Batignolles, 8.

F

Faudin, à Châteauneuf-de-Gadagne (Vaucluse).
Fayard, rue des Noyers, 49.
Forestié neveu, à Montauban.
Fouraut, rue Saint-André-des-Arts, 47.
Fournier, à Besançon.
Fruchier, à Digne.
Furne, Jouvet et Cie, rue Saint-André-des-Arts, 45.

G

Galles, à Vannes.
Gallot, à Auxerre.
Garnier, rue des Saints-Pères, 6.
Gaume, rue de l'Abbaye, 3.
Gauthier-Villars, quai des Grands-Augustins, 55.
Germer-Baillière, boulevard Saint-Germain, 108.
Ghio, galerie d'Orléans.
Gimest, à Toulouse.
Goin, rue des Écoles, 82.
Goude, à Orthez.
Grassart, rue de la Paix.
Grosselin, rue Serpente, 25.
Guéraud, à Nantes.
Guillaumin, rue Richelieu, 14.

H

Hachette et Cie, boulevard Saint-Germain, 79.
Hennuyer, rue Laffitte, 51.
Hérissey, à Évreux.
Hetzel, rue Jacob, 18.
Hippeau (Mme), rue des Saints-Pères, 77.
Huard, rue de Furstemberg, 7.
Hue (Mme V^{e}), à Rennes, rue de Viarmes, 5.
Humbert, rue Lepelletier, 30.

J

Jacob, à Orléans.
Jolly, à Charleville (Ardennes).
Jouaust, rue Saint-Honoré, 338.

L

Labitte, rue de Lille, 4.
Lachaud, place du Théâtre-Français, 4.
Lacroix (E.), rue des Saints-Pères, 54.
Lahure, rue de Fleurus, 9.
Lamoulière, rue du Faubourg-Montmartre, 11.
Le Clère, rue Cassette, 29.
Lecoffre, rue Bonaparte, 90.
Leloup, rue Saint-Sulpice, 36.
Lemerre, passage Choiseul, 27-31.
Lefèvre, rue des Poitevins.
Lefort, à Lille.
Leroy, à Angers.
Lethielleux, rue Cassette.
Lévy (Calmann), rue Auber, 3.
Librairie agricole de la Maison rustique, rue Jacob, 26.
Librairie centrale, rue Christine, 9.

Librairie des Bibliophiles, rue Saint-Honoré, 338.
Librairie encyclopédique Roret, rue Hautefeuille.
Librairie internationale, boulevard Montmartre, 15.
Librairie du Moniteur, quai Voltaire, 13.
Liron d'Airolles, à Nantes, rue d'Argentré, 1.
Loones, rue de Tournon, 6.

M

Magasin géographique, rue de Grenelle-Saint-Germain, 89.
Magasin pittoresque, quai des Grands-Augustins, 29.
Mame, à Tours.
Marbeau, rue Joubert, 47.
Marchand, à Saint-Dizier (Haute-Marne).
Masson (G.), boulevart Saint-Germain.
Méniolle, rue de Sèvres, 7.
Meyrueis, rue des Saints-Pères, 33.
Mocker, boulevard Malesherbes, 76.
Mollie, rue de Vaugirard, 60.
Morel, rue des Beaux-Arts, 17.

N

Niclaus, rue Garancière, 8.

O

Oberthür, à Rennes.
Oriacombe, à Lectoure (Gers).

P

Pautet, au Creusot.
Pedone-Lauriel, rue Soufflot.
Pelletan, rue Dauphine, 26.
Perisson, à Annecy.
Picot, boulevard Saint-Michel, 51.
Pigoreau, Quai Conti, 13.
Pilon (A.), rue de Fleurus, 33.
Pinot et Sagaire, à Épinal.
Plon, rue Garancière, 8.
Pomiès, à Carcassonne.
Prudhomme, à Grenoble.

R

Renouard, rue de Tournon, 6.
Rigaud (A.), quai des Augustins, 33.
Rillé (L. de), rue Fontaine-Saint-Georges, 1.
Roblot, à Besançon, rue du Clos, 31.
Rothschild, rue des Saints-Pères, 13.

S

Sagnier, rue Bonaparte, 31.
Saint-Génis (De), à Chambéry.
Sandoz et Fischbacher, rue de Seine, 33.
Sarlit, rue de Tournon, 9.
Savy, boulevard Saint-Germain, 77.
Société Bibliographique, rue de Grenelle Saint-Germain, 35.
Société des Agriculteurs de France, rue Lepelletier, 1.
Société des livres utiles, square des Batignolles, 8.
Société des gens de lettres, rue Geoffroy-Marie, 5.

T

Tardieu, rue de Tournon, 13.
Teissier, à Toulon, rue Lafayette, 7.
Téqui, rue de Mézières, 6.
Thorin, rue de Médicis, 7.
Tranié, à Toulouse, rue Roquelaire, 14.
Tresse, place du Théâtre-Français.

V

Vasseur, à Amiens.
Vieweg, rue Richelieu, 67.

W

Wallut, rue Saint-Roch, 29.
Winckler, à Altkirch (Alsace).

LISTE DES NOMS D'AUTEURS

FIGURANT AU CATALOGUE.

O

P

Q

R

PARIS.

LIBRAIRIE PAUL DUPONT,

RUE JEAN-JACQUES-ROUSSEAU, 41.

www.ingramcontent.com/pod-product-compliance
Ingram Content Group UK Ltd.
Pitfield, Milton Keynes, MK11 3LW, UK
UKHW012052240726
13965UKWH00003B/1220

9 782013 070027